やよい塾
講座
1

考古学への誘い

―妻木晩田遺跡から学ぶ―

むきばんだ応援団［編］

やよい塾講座1

考古学への誘い

——妻木晩田遺跡から学ぶ——

序　文――やよい塾ブックレット創刊について

むきばんだ遺跡の広さは約一七〇ヘクタールです。遺跡の規模を考える時に参考になるのは、その全体像がわかるように整備の進んでいる平城宮跡と比較してみることです。平城宮跡は一三〇ヘクタールほどですから、むきばんだの方がだいぶ広いことになります。弥生時代のムラと八世紀の宮城を比較すること自体は、意味のあることではありませんが、平城宮跡を見学にいかれた方は多いと思いますので、その知識でむきばんだ遺跡の規模を想像してみるのも一つの方法です。

この広大な遺跡を保存するために尽力された皆さんには、頭の下がる思いです。このたびの「むきばんだやよい塾」ブックレット創刊号に講義録が載る金関恕さんや佐原眞さんも、保存に大いに力をかしてくれましたが、このような考古学の専門家だけでなく、地元の皆さんの力があって、遺跡を残すことができたのだと思います。

その牽引役を果たしたのが佐古和枝さんです。このような保存運動の延長線上に、この「むきばんだやよい塾」もあるのだと思います。佐古さんは考古学者ですが、彼女の学問はその専門性にとどまりません。佐古さんの書いたものを読むと、それがよくわかります。その学問は、一般市民に理解できるものを絶えず目指しているように、私には思われます。その考えの上に、むきばんだの保存運動があり、だからこそ多くの市民の皆さんが共感し、この運動に参加してくれたのだと思います。

さて、この広大な弥生のムラ遺跡を訪れてくれる全国の人たちにわかってもらえるような、魅力的な遺跡整備をどう進めるかが、これからの最大の課題です。まだ発掘調査は十分ではありませんし、遺跡保存が先行しましたから、計画的な調査は遅れがちになるのでしょうが、だからといって、むきばんだの史跡整備をどう進めるのかを後回しにしてよいとは思いません。現在考えられる遺跡の将来像を考えておくことは重要です。そのことは、保存に協力してくれた近在の市民はもとより、全国の人達への責務だと思います。

二〇一九年六月

むきばんだやよい塾・塾長　狩野　久

狩野　久（かのう・ひさし）
一九三三年北海道生まれ、岡山県津山市在住。専門は日本古代史。京都大学大学院を修了後、奈良国立文化財研究所にて平城宮や飛鳥藤原宮の調査部長、また文化庁記念物桁主任調査官を歴任。退職後、岡山大学や京都橘大学で教鞭をとられた。二〇一五年より、やよい塾二代目塾長。

追悼文

春の日

金関ふき子

笑顔が大好きだった。大きな丸顔に幾重にも刻まれた皺、輝きを保ったまま細めた目。

父は小学生に上がる前、教育熱心?な母親に促されてどこかの大学の付属小学校を受験したそうだ。だが、一つ年上の兄とは違って入学が叶わず、その母親に越境入学の手続きをされて、自宅からは遠い小学校に一人で通うことになった。大きな鞄を肩にかけて、通学路を歩いていたら、後ろのほうで女子数人の合唱が聴こえた。

「あたまでっかちしりつぼみぃ、あたまでっかちしりつぼみぃ」

「なにお〜」と振り向いても、その少し年が上らしい女子たちは、きゃっきゃ騒ぎながら、もの影に隠れてしまう。

いじめられたことはある?　の質問についての父の最初の答えだ。

イクメンからほど遠かったが、私を毎朝、九〇ccのカブに乗せて幼稚園に送ってくれた。母から離れ難くてぐずる私に、優しい言葉をかけることもなく走り始める。そして幼稚園正門にとんと据えて、ぶるっとエンジンをふかして去っていく。大きなおしり、短い脚、丸いヘルメット。

夏の休日の夕方、虫の音が部屋に満ち始めた頃、ランニングシャツ姿の父はアパートの六畳で仰向けに寝転んで、ピンポン玉を投げる。天井にぶつからないように、ギリギリの放物線を描く。何度も、何度も。何を観ていたのだろう。

高度経済成長へ向かう日本のテレビには、新商品を謳う華やかなコマーシャルが多く流れていた。しかし我が家のルールとして、テレビは一日一時間、コマーシャルの時には消音しなければならなかった。もし音が流れたら、父はカッと目を見開き眉間に皺を寄せてテレビに飛びかかり、音量ボタンをひねる。皺は一気に伸びる。「は〜静か」ひと言。その理由が長年理解できなかった。コマーシャルからこそ〝時代〟を知ることができる、大人になってそう抗議したこともある。

これも大人になってからの推測だ。父は昭和二年生まれ、台湾医科大学予科の時に二等兵として戦争に参加した。半年か一年か、とても嫌な経験だったようだ。その時の食器を見せてもらったことがある。アルマイト製、これで少ない食事をカチカチ音を鳴らせながらかきこんだらしい。いつも腹がへっていた。プロパガンダが嫌い。連呼して訴えるやり方は信じない。戦争に行ったこと、それは父の思想の根を作った。戦争に行く前は布団を被ってレコードを聴いていたそうだ。クラシック音楽に生きている意味を見たのだろう、息子のヴァイオリンに対しては、もしかしたら今でいう虐待すれすれの命懸けの態度だった。

そして、父もまた、父の息子だった。その視線は子供達に注がれていたぶんと同じくらいいつも父親を追っていた。考古学を選んだのは、丈夫がなにを一番愛したかと無関係ではなかった。結果、いつも「丈夫の息子」を背負うことになる。しかし、それを軽やかに背負っていた。後悔したことはなかった、たぶん。

三十年くらい前、アメリカのニューヨーク州北部の田舎を父と二人、車で何日か走ったことがある。父は運転が好きだった。ここではないどこかへいくことが好きだった。小さな町に着いたら商店街はどこにあるのか、学校は、郵便局は、どういう日常があるのか。それを知るために、歩き回りたい欲求があると私に告白したことがある。これは父の仕事にも通じる好奇心ではないだろうか。人が好きだった。人を、善意を信じていた。天職は牧師だったかもしれないと言ったこともある。母と出会ったことも、父にとっては大きなことだった。理性の及ばない自然として母を崇拝していた。父にとっての卑弥呼は、間違いなく母だった。

最晩年、編集者である私が帰省するたびに持って帰る本を楽しみにしていてくれた。ポール・オースター、カズオ・イシグロ、J・M・クッツェー。でも生涯で一番愛したのはディケンズの「デイヴィッド・コパーフィールド」だったと思う。

最期までどこかユーモラスだった。祖父丈夫の親友、台湾大学医学部の蔡錫圭《さいしゃっけい》氏・九六歳が来日することが決まっていたので、枯れ草を焼いて焼き芋をご馳走すると前日、芽ぶき始めた庭を熊手で掃いていた。すでに心臓は悲鳴をあげていただろうに。集中治療室で私が、「痛いだろうけど、カテーテルを入れて頑張って治療して」と叫んだら、穏やかに頷いて、「頑張るよ、でも、もう丈夫さんが迎えにきてるからな」と宙を指した。祖父が迎えにきてくれて、その懐に抱かれたならば本当によかった。

そして、どこかで頭でっかちの子供として生まれ変わっていたらいい。

（『春の日に――金関恕先生追悼文集』〈二〇一九年三月〉より、ご本人の承諾を得て転載させていただきました。）

考古学への誘い　目次

講師紹介

金関　恕（かなせき・ひろし）

一九二七年一一月一九日京都市生、二〇一八年三月一三日、九〇歳で死去。父は、形質人類学者丈夫。兄は、解剖学者毅。父の弟寿夫は、英米文学者。

一九三六年に台湾に転居し、美しい風土のなかで育つ。父親の考古学発掘調査を手伝い、その面白さに魅了される。京都大学で考古学を学ぶ。梅原末治に、「考古学の本義は何か」と試問され、逡巡するのをみて「その難しさが分かるか」とあり、かすれた声で「はい」と答え、「それが分かれば合格」と、及第する。一九五三年卒業。一九五六年から奈良国立文化財研究所で臨時筆生となる。飛鳥寺跡回廊内に石敷きがあったことに、くぼみの面に抜き去られた石の皮が、最中の皮のように残っていることで気づいた。飛鳥の調査では今も、これを「もなか」と呼んでいる。一九五九年から天理大学に勤務する。一九六一・六二年に奈良県東大寺山古墳を発掘し、後漢の年号「中平」を金象嵌した鉄刀を発見する。この鉄刀への関心は、終生つづいた。一九九一年から大阪府立弥生文化博物館館長となり、展覧会のたびに、図録に深い内容を湛えた名文を掲載した。ただし遅筆。

一九九九〜二〇一四年、むきばんだ応援団やよい塾塾長。山口県下関市綾羅木郷台地遺跡が、採土業者によって破壊の危機にいたるや、身を挺してこれを守り、長期にわたる裁判にも屈しなかった。この精神は、妻木晩田遺跡に対しても、かわらなかった。

考古学を精神史のレベルにひきあげた、きびしくもゆたかに生きた九〇年であった。

佐原　眞（さはら・まこと）

一九三二年五月二五日大阪市生、二〇〇二年七月一〇日、七〇歳で死去。

豊中市ですごした幼稚園のとき、須恵器をひろい考古学に興味をもつ。一九四六年一三歳のとき東京石神井で石鏃を見つけ、「涙が出た」と日記に記す。それはおそらく黒曜石製の美しい石鏃だった。一九四七年日本人類学会が開催した「中学生のための人類学講座」に行き、東京大学人類学教室の山内清男の話を聞く。それから土曜日、日曜日に、山内の研究室にかよい、ものを細かく観察する基本を学び、考古学への志を固める。山内のすすめで京都大学を受験したが、失敗。大阪外国語大学ドイツ語学科に入学。一九五八年、京都大学大学院に入る。小林行雄に、観察する眼、わかりやすい文章を書く技術、学問の組み立て方を徹底的に教育される。そこには、観察したことを言葉に置きかえることの大切さも含まれていただろう。弥生土器製作技術、銅鐸の鈕の変化に着目した型式学的研究を発表。一九六四年に、奈良国立文化財研究所に入る。大阪府東奈良遺跡で銅鐸鋳型が見つかり、研究会の会場に持ち込まれた小片を見てその場で、香川県我拝師山で出土した銅鐸を鋳造した鋳型と鑑定。また『伊丹市史』の執筆をとおして、考古学をわかりやすくしようと決意する。唇には、いつも歌があった。「赤いスイートピー」でさえ、まるで歌曲のようではあったが。一九九三年から国立歴史民俗博物館副館長、館長となる。佐賀県吉野ケ里遺跡、鳥取県妻木晩田遺跡、青森県三内丸山遺跡の保存に尽力した。

考古学の垣根をとりはらい、みんなのものにした、明るく精一杯生きた七〇年であった。

（深澤芳樹）

各講座は、「やよい塾通信」掲載時に本人校正をいただいていますが、今回の出版にあたり、若干の加筆修正をおこなっています。その文責はむきばんだ応援団にあります。

第一講義

考古学の楽しさ、おもしろさ

佐原 眞

講演する佐原氏（2001年９月）

はじめに

こんにちは。佐原です。三〇分前に背広とネクタイをはずして「むきばんだ応援団」のトレーナーに着がえました。思い出したことがあります。五〇代以上のかなりの方なら読んでおられると思いますが、アメリカに「トムソーヤの冒険」とか「ハックルベルフィン」など、子ども向けの小説を書いたマーク・トーウェンという作家がいます。彼が貴婦人の家のパーティーにお呼ばれしました。ところが、ネクタイを締めていかなかったのです。貴婦人は「紳士《ジェントルマン》たるものが、招待されてネクタイもしめないで来るとは！」と叱りました。彼は帰宅してから、「さきほどは失礼しました」とネクタイを届けさせたそうです。ということで、この席でも礼を失しないために、ネクタイを一度お見せします。ゴッホの水仙の絵のネクタイです。

先ほどの皆さんの挨拶のあとで、受講生代表で一五歳の伊庭さんが誓いの言葉をのべてくださいました。僕も一五歳の頃はこんなにかわいかったのかと……。一五という歳は僕にとって記憶すべき年でした。その年に、東京大学におられた縄紋時代（佐原先生はこの表記を使われる）研究の権威の山内清男先生のところに通い始めたのです。その頃は食糧難で、先生の家族は仙台におられて、先生は今でいう単身赴任で、土曜、日曜も大学におられたのです。研究室で朝から晩まで勉強でした。先生は当時四五歳で、僕はボーイソプラノの一五歳です。長い間考古学をやってきたものだな、という感慨に浸っています。

考古学の楽しさが、今日のテーマです。苦しさも嫌なこともあるけれども、「むきばんだやよい塾」が始まって最初の講義ですから、今日は楽しさだけについてお話します。

一　古代人の心に触れる

学問には、楽しくないこともいくらでもあります。小学生の頃から、僕は数学、算数が本当に嫌だった。でも、答えが合った時、つまり一生懸命考えて解決した時は嬉しい。もしかすると学問の喜びは、そういうものかもしれませんね。考古学でも、何かわかった時、とくに大昔の古代人の心が伝わってきた時は、こたえられないほど、嬉しいものです。

たとえば、僕が佐古さんと一緒に喫茶店に入ります。話をしていると、どうやら佐古さんが僕に好意をもっているらしいことはわかったとしても、しかし、彼女の本心はわかりません。いま生きている人の心だって、わからないわけでしょう。ところが考古学は、土の中から過去の人の活動の跡を掘り出して、彼らの活動を掴むのです。土の中から大昔の人の心を掘り出すということは、本当に難しいのです。だからこそ、それがつかめた時は、すごく感動します。

東北地方から北海道にかけて、子どもの手形、粘土に手を押しつけてそれを焼き上げたもの、あるいは足形、つまり足を押しつけたものが二〇例あります。縦方向、横方向に小さな穴があいています。子どもが健やかに丈夫に育つようにという、お守りかおまじないでしょう。山形で去年みつかった「手形土製品」の裏に、大人の指の跡が残っていました。

ここから先は想像です。赤ちゃんの力は弱い。粘土に押しつけなさいといっても、そう力が加わらない。おそらくは、片方の手を赤ちゃんの手の上にのせて力を加え、もう片方の手は粘土の板の後ろに回して、力を受けたことは間違いないでしょう。すると四〇〇〇年という時を越えて、お母さんの赤ちゃんへの心を感じとることができるではありませんか。こういうのはゾクゾクっとしますね。

それから、京都大学の博物館にある北海道の縄紋時代中頃の土器のかけらに、孔があいているのです。壊れた土器を桜の皮でつなぎ合わせるための孔です。孔の両端が広くて中は狭いので、土器の表側と裏側の両方から、するどい石でギリギリとあけたことがわかります。ところが、裏側からみると、もうひとつ孔を空けていて、この孔は途中で止まっている。これは、裏側から孔をあけ始めたけれど、ふっと気が付いたら、表にちょうど粘土の帯をめぐらした部分にあたっていた。だから孔あけをやめて、別のところに孔を貫通させた。縄紋人は、ここで「しまった！」と思ったにちがいない。四〇〇〇年前の「しまった！」が伝わってくる。こういうことに出くわすと、本当に嬉しい。

もう一つ例を挙げましょう。ご当地にも七、八世紀の大きなお寺の跡がありますね。お寺の屋根の下端を飾る平らな瓦、軒平瓦は、両隣りに円い軒丸瓦がくるので、軒平瓦の端っこは飾ってもみえないのです。しかも、かなり高い所にありますから、紋様もよく見えない。よくは見えないのに飾っているのです。江戸・明治時代になると、こんなことはもうやめます。そして、見える部分しか飾りません。奈良時代の瓦作りの人たちは、見える見えないを問題にしないで飾っている。こういうところからも心が伝わってきます。

こういうように、大昔のことがいろいろわかってくるのが楽しい。なかでも、人の心が伝わってくるのが、僕にとって考古学をやっていて、いちばん楽しいことです。なかなかそう事例に出会うことはまれですが……。事実がわかることはいくらでもあって、それはそれで「わあっ」と思います。しかし遺跡を掘っても、遺物を扱っても、それを作り、使った人に接することができるのが、いちばんの感激です。

二　考古学との出会い

僕が考古学の道に入ったのは、僕の記憶では小学校一年生です。亡くなった母にいわせれば幼稚園だというのですが、幼稚園児には、自分自身に過去がないから、百年前、千年前がわかるかどうか。僕が大昔を認識できたのは、お父さんのお父さんの……といわれたからです。そして遠足に行って拾った土器が、それこそお父さんのお父さんの……ずーっと前の人が作って使ったものだと認識できて、感動した。それが僕の考古学への出発点でした。こんな僕でしたから、少し変わった子として育ちました。昆虫採集もろくにやらないし、普通の子どもの遊びもやらずに、土器を拾っていました。高校三年で、いよいよ大学を受験をすることになったら、さっきの山内先生が、「京都の大学に行け」といわれました。いちおう試験を受けたのですが、全然勉強していませんし、英語の成績も悪かった。おそらく高校のクラスで一番下か、下から二番目か。国語もできなかったです。社会もだめ。物理、数学、全部だめ。本当に劣等生です。だから、落ちる。だけど、また受けて、また落ちる。さらにまた受けて、また落ちる。受験勉強をしないで、土器を飾るために縄をなって、粘土の上にころがしたりしている。入学試験の季節には、しかたがないから受ける。三べん受けました。大学のある場所の名が悪くて、「百万遍」、それで三べん落ちて、もう辞めました。「外国語大学に行け」と兄にいわれました。つまり大学院から進む道ですね。大学院を受けるには、英語以外にもう一つ外国語がいる。それでぼくは、シャンソンよりはシューベルトをドイツ語で歌いたかったので、ドイツ語をやりました。よく、ドイツ語を勉強していたのに、考古学を始めたのですかといわれるんですが、考古学を勉強していて、途中でドイツ語を始めたわけです。

三　人間の生活を研究する学問

今日は「やよい塾」の一回目の講義なので、考古学とはどういう学問かを述べておきたいと思います。過去を追究する学問として、「歴史学」があります。狭い意味での「歴史学」は、墨、筆の字、最近では印刷の字、過去の文字資料、文献資料をいちばん大切にします。最近の歴史学はそれだけに頼っているわけではありませんけれど、文字を中心に考察をするわけで、「文献史学」とも呼びます。最近では、「文献学」という方がよいという意見もあります。

それに対して、おもに土のなかに残っている過去の人の活動の跡を材料にして、彼らの活動を追うのが「考古学」です。それから、柳田国男さんがはじめた「民俗学」もあります。民俗学の資料は、「現在」です。米子なら米子の人たちの間に生きている習わし、それから何々をやってはいけないという掟、いい伝えなどを材料にして過去を追究する。これが「民俗学」です。

ところが、ミンゾク学というと、もう一つあります。大阪の千里の万博公園にあるのは国立「民族」学博物館で、私どもの国立歴史「民俗」博物館（歴博）と兄弟です。アフリカのなんとか族、オーストラリアの何とか族の生活・社会・文化を追究するのが「民族学」です。

民族学は、さっきあげた民俗資料から歴史を追究する「民俗学」と発音は共通するので、よく間違えられます。ただし、歴博の民俗学の専門家のなかには「民俗学は歴史学ではない、現代の学である」という人もいます。しかし、考古学自身も現代の学になってきています。アメリカでは、現代の都市ゴミを研究して、生ゴミの重さの七〇パーセントがまだ食べられる食べ物であることを、考古学の研究者が明らかにしています。そういう意味では、考古学はごく最近までを研究対象としている、ということです。

四　考古学に未来はあるか？

将来、これらの学問はどうなるか。民俗学は二百年、三百年経っても安泰です。人がいる限り、習わし、掟、いい伝えはなくならないからです。しかし、文献学の将来は非常に不安です。なぜならば、文献学は基本的には紙に書いてあり、印刷しているものが研究材料です。ところがみなさん方のなかに、日記を書いている人はどのくらいいますか。二、三人の方が手をあげられました。しかし、われわれより二、三世代前だと、かなり多くの人が日記を書いていました。それから、「いついつ行きたいけど、どうだ」などの連絡は、ハガキでやっていた。電話は、ほとんど使っていませんでした。そして、手紙を書きました。それが今、ほとんどが電話になり、ファックスになり、Eメールになりました。役所などで、いらなくなった印刷物はシュレッダーで処理しています。すると、二〇世紀末以降の文献学の研究材料はきわめて貧困になります。

考古学も同様です。ゴミを捨ててくれるから、考古学は成り立っている。しかも、家のすぐ隣にゴミを捨ててくれているから、成り立っている。ところが二〇世紀の末になって、ゴミは全部回収してくれることになりました。しかも、それはだいたい焼いてしまう。将来、家や施設の跡を掘ったって、ゴミが出てこない。また、建物の基礎が土のなかに残っているから、考古学は成り立つのですが、最近の土木開発は深くまでの土をとってしまいます。すると、建物や施設の跡自体が残らない。すると、今から何百年先の考古学はどうなるでしょう？

いや、宇宙考古学があるよ、という人がいるかもしれません。地球の周りをまわっている人工衛星が、いろんなものを捨てている。オシッコもウンコも捨てているし、衛星自身もゴミになって飛んでいます。この考古学がはじまるかもしれない。けれども、土を掘るといくつも層が堆積していて、古いものは下の層に入っていて、上の層ほど新しいということで順番がわかります。ところが、地球の周りのゴミは、新しいのも古いのも一緒になって回っているでしょう。これを年代順に分けるのは難題でしょうね。

そしてさらに、いよいよ地球には人が住めなくなって、「なんとか星」に移ることになりました。その場合、考古学研究者は連れていってもらえるかわからない。仮に行けても当分の間、何百年か経たないと仕事がない（笑）。そう考えると、考古学、文献学の遠い未来は、大きく期待できそうにもありません。

五　モノ離れしている現在の考古学

それだけではなくて、現在の考古学にも、危機を感じています。幸いにして妻木晩田遺跡は守ることができましたが、大多数の遺跡は、新しい開発や建設のために工事に先だって発掘するのですから、調査が終わったら壊されてしまいます。だから、考古学があと何年続くかも心配です。

大きな心配が、もう一つあります。それは、研究者がものを扱わなくなってきたことです。僕たちの頃は、土器を自分で掘って、自分で洗って、土器に地点や層などの文字を記入するのも、くっつけて復元する作業も、図に描くのも、写真撮影も、自分でやって、自分で報告書を書いていた。ところが今、作業員さんたちがほとんどのことをやっています。考古学の研究者は、自分の手で掘らない。目と口で掘っています。「もうちょっと、こちらまで」とか「それとこれを一緒にしといて」など、目と口で発掘していて、自らは掘っていない。出土遺物を洗う時、図を描くという時こそ、綿密に観察する機会なのに、自分でそれをやらなくなった。一方では、自然科学の発達がすごいし、情報機器の発達がすごいから、コンピューターを操作して作業や調査・分析をおこなうことはどんどん進んでいる。昔だったら、考古学の学生は朝から晩まで石器や土器を一生懸命観察して、実測図を描くのが当たり前だった。しかし、三内丸山遺跡の岡田康博さんによると、このころ、モノをみせてください、という学生はいないそうです。今は「この遺物はどの本に出ていますか」、つまり本をみて、人が報告した図とか写真とかを使って卒論を書くように変わってきている。考古学をやる人がモノから離れてきているのです。モノから出発する学問がモノを離れたら、成り立ちません。ということで、まず最初にこれだけ悲観的なことばかりいったので、あとは楽しいことばかり話します。

六　発掘調査の今昔

考古学の将来は、けっして素晴らしいとは限りません。もうちょっというと、山内清男さんの時代にも、長野県の宮坂英弌さんという人がコツコツと長い年月をかけて尖石《とがりいし》の縄紋村（尖石遺跡）を掘り続けていました。しかし、それは例外です。縄紋土器の研究者は、小さな面積しか掘りませんでした。山内清男さんは、土器の移り変わりを追究するために掘りました。

山内さんの発掘方法を紹介しましょう。せいぜい二メートル四方か畳一畳くらいかな。一人の仕事としてはそのくらいしか掘れない。掘っていくと、明らかに質や色が違うとか、土の層が分かれると、出てくる土器も分けました。同じ層が厚い場合には、人為的に一〇センチとか一五センチとかに分けて、出てきた土器を分けて採集しました。出てきた時に、土器をみて、こういう紋様がついている、これはこうだと、特徴を観察します。そして、あれ?これはちょっと毛色が変わっているな、ちょっと違うような土器が混ざっているな、と注目します。下の層を掘りすすめると、上の層では他の土器と違う特徴をもっている土器ばかり出てくる。すると、さっき上にあった毛色の変わった土器は、古い土器が新しい土器に混ざりこんでいるんだな、というように観察しながら掘っていきます。

発掘現場の近くの農家に泊まって、出土した土器をその晩に洗います。掘っていった順番に、これとこれとはこういう紋様、これは毛色が違っているけれども、下から出てきたのと一緒だな、紛れ混みだな、と確認しながら、翌日は頭のなかでできあがった移り変わりを確かめるために、隣の地区を発掘します。そうやって土器の順番を決めてきました。建物なら建物の跡、縦（竪）穴住居なら縦穴住居の時期も、発掘した時に地面から掘り下げたその床の面——日本考古学では床とか床面と呼びます。しかし、辞書をみると、地面より一段高いところが床です——にはりついた土器で決めました。

しかし、現在ではそうではありません。作業員さんが掘っています。それを採集して、もって帰って洗って、それからやっと遺跡の時期を決めたりしています。現場では、土の柱の上に土器を残している。土器の順番を決める精度は、山内さんの時より落ちているのではないか。そのかわり、量的には大面積・大容量を掘っていて、量で質を変えているから、大勢としては躍進しているのかもしれません。

七　倭人の弓について

先ほど、「むきばんだ応援団」の坂田友宏団長が、民俗学と考古学の提携について述べられました。私は考古学だ、僕は民俗学だ、俺は文献学だとはりあう時代は過去のもので、総合の時代になっています。考古学はいま、文献学、民俗学その他、関連する多くの学問とともに、総合的な歴史学の一翼を担っているのです。その実例をいくつか挙げてみたいと思います。

三世紀の中国の記録『魏志』倭人伝は、邪馬台国とか卑弥呼が出てくる史料ですが、これに弓が出てきます。倭人の木の弓は、「短下長上」、つまり「下が短く上が長い」と書いてある。弥生時代の祭器である銅鐸にはたくさん絵があって、弓を持った人も描かれている。その銅鐸の絵では、人が弓を持つのに、すべて弓の下を短く、上を長く持っています。ですから、三世紀の『魏志』倭人伝の記事と考古学の事実が合います。ただし、この銅鐸の絵はおそらく紀元前一世紀か紀元後一世紀で、二〇〇～三〇〇年の時間差があります。しかし、弥生時代に弓下を短く上を長く持っていたことは、文献でも考古学の事実でもいえる。

縄紋時代はどうだったか。青森県の韮窪《にらくぼ》遺跡の縄紋土器に、粘土のヒモを張り付けて弓矢を表したものがあります。お祭り用の弓らしくて、飾りがついています。右の方に獲物がいます。このような弓の表現は、何カ所かで出ていますけれど、すべて矢は弓の中央につがえています。ですから縄紋時代の弓は、中央で矢をつがえた。それが、弥生になると下寄りのところに矢をつがえるように変わった。

日本の弥生時代以降の弓は、長いのです。長い弓は、木の根っこの方を下にして、梢の方を上にします。上下どちらでもいいのではない。物理学は苦手でよくわからないけれども、梢寄りと根寄りとでは、弾性が違うらしいのです。すると、真ん中で矢をつがえると、上と下の弾性の違いの均衡《バランス》がとれず、下寄りに矢をもってくると、うまく的を射ることができるそうです。

それから、鎌倉・室町時代の弓では、弓の内側に樋という切りこみをいれます。弥生時代には上から下まで入った物もありますが、日本の鎌倉・室町以降の中世の弓では、弓の腹の中ほどから下の内側に溝を入れる。こういう溝を入れるのも、弾性の調節に役立つそうです。日本の長い弓は、下寄りをにぎって、下寄りに矢をつがえて射る。その大きな理由は、弾力のちがいを解決するためというのが真相らしい。

やよい塾の金関恕塾長のお父さんの金関丈夫さんは、弥生時代の長い弓は、魚を捕る目的で下を狙うことから、「短下長上」になったと説明しました。これも否定しきれません。東南アジアで魚を捕るのに、そのように弓を使っている。たしかに、下寄りをにぎっている。民族例からは、魚を捕ることと関連して「短下長上」ができたのかもしれない。しかし物理学的には、弾性の均衡で説明できるらしい。

現在の日本の弓も「短下長上」です。だから、考古学的には前一世紀から、文献学的には三世紀から二十世紀まで、ずっと「短下長上」の伝統は伝わっているのです。

こうしてみてくると、考古学の事実と、三世紀の文献と、現在のわれわれの時代にまで生き残ってきている弓、つまり民俗学的事実と全部合ってくる。めでたし、めでたしです。

忘れてはいけないのは、アイヌの人々、沖縄の人々の弓は、中央で射る弓です。アイヌの人々の弓は、アイヌの人々は、熊やエゾシカをとるための弓、「仕掛け弓」を作りました。人が射なくても、備え付けておいて獲物がそばへ来て触れると自動的に発射して射止める。アイヌの弓は、中央から射るからこそ、仕掛け弓とも結びついたのです。

中国の弓も短い弓で、違う材料を張り合わせて、その弾力の差を利用した弓が発達します。その場合は、弦、つまり糸を張らない段階では外側に反り返ってしまう。糸を張ってはじめて弓の形になる。短いけれども非常に強力な弓、これが中国の弓です。これは当然、中央に矢をつがえて射ます。中央から矢を射ているからこそ、木の台をつける。弓と台が交差するから、英語では十字架にみたててクロス・ボウ（十字架弓）という。中国では「弩《ど》」といいます。これは、中央で射る弓から思いつく。弩は、奈良か平安時代のものが宮城県で最近みつかっていますし、島根県出雲市の姫原西遺跡でこの部品がみつかって、模型かもしれないけれども、弥生時代にも入っていたことがわかりました。そういうものも入っては来ていますが、日本の弓としてはあまり発達しなかった。

『魏志』倭人伝に出てくる「木弓」が「短下長上」であることから、こういうことまで発展して考えることができます。

八　竹の矢柄

『魏志』倭人伝に、「竹箭或鉄鏃或骨族」、つまり「竹の矢柄に鉄の矢尻か骨の矢尻をつけている」と書いています。

このなかで邪馬台国九州説の方、手をあげて下さい。あまりおられないですか？　遠慮しないで、どうぞ。ひとりあがりました。信じられないな。残りの方は、近畿説なのですか。あ、九州説の手があがってきた。

竹の矢柄のこの記事は九州の記事です。『魏志』倭人伝は九州の矢のことを書いている。しかし、だからといって、邪馬台国は九州だとはいえません。

弥生時代の近畿には、矢竹はありません。九州にはあります。古墳時代に入っても、近畿では矢竹は使っていません。矢竹が近畿で出てくるのは、四世紀の終わりか五世紀に入ってからです。九州では矢竹の実物が、長崎県壱岐島の原《はる》の辻遺跡と福岡市の雀居《ささい》遺跡で出ています。福岡の板付空港の近くの板付遺跡は、日本最古の水田がみつかったことで有名です。矢竹は、同じ板付空港のすぐそばの雀居遺跡からもみつかっています。そして、原の辻遺跡と雀居遺跡では、矢尻をはさんで固定する「根ばさみ」がみつかっているのです。その根ばさみの下端に作り出した軸を、矢竹にさしこむ構造になっています。このようにして、九州では矢尻の竹の矢柄につけたことはたしかです。

ところが近畿地方ではどうかというと、東大阪市の鬼虎川《きとらがわ》遺跡で、矢尻がついたままの矢柄が二本みつかっています。矢尻を矢柄に固定するのに、桜の皮でまいていますけれども、矢柄は樫の若い枝でした。樫の木の若い枝は、まっすぐにのびて矢柄にはいい。古墳時代に入ると、銅の矢尻を使いますけれども、矢尻のつけ根に「木質が残っていた」と報告書に書いてあります。だから古墳時代に入っても、おそらく樫などの木の枝を使っていたのでしょう。大阪の高槻市にある四世紀後半の土保山《どぼやま》古墳が、矢柄に竹を使った矢の古い実例です。そういう事実から、弥生時代に矢柄に竹を使っているのは九州ということになります。

なお、鳥取県の青谷上寺地遺跡でも、竹の矢柄用の根ばさみがみつかっていると聞いています。山陰も、竹の矢柄の地帯だったらしいです。

九　鉄、骨、石の矢尻

それから、「あるいは鉄の矢尻、あるいは骨の矢尻を使っている」と『魏志』倭人伝は書いています。大切なのは石の矢尻とは書いていないことです。石の矢尻が出ていないことが、重要だと僕は思います。最近、僕がみたアメリカの文献に、実験の結果が出ていました。皮のよろいは石の矢尻は通さない。だから、打ち欠いて作ってあっても（打製）、磨いて仕上げていても（磨製）、石の矢尻は、皮のよろいで防げる。ところが、骨の矢尻だと突き抜ける。そのような実験研究があります。面白い研究だと思ってみていたら、今度はヨーロッパで、旧石器時代の投げ槍の実験で、骨の槍先というのは、なかなか損傷しない。折れない。長持ちするという結果が出ています。

奈良の正倉院には、骨の矢尻があります。八世紀はもう鉄の時代なのに、骨の矢尻があります。そして、さっき佐古さんから聞いたのですが、正倉院よりちょっと古い六世紀に、宮崎県では、地下に一度掘り下げてから、横方向に穴を掘る「地下式横穴」というお墓があります。そこでやはり骨の矢尻が出ているそうです。もちろん、鉄の矢尻も出ていますけれども。で、さらに一一～一二世紀の北海道の豪族の居館・上ノ国遺跡で、鉄の矢尻と一緒に骨の矢尻が出土している。もう鎌倉時代に入ろうとしている時代です。

しかしもう一つ、沖縄では、一一～一二世紀に、グスクという砦があります。そこで、本土で作った鉄の矢尻があると同時に、人魚のモデルになったというジュゴンの骨で作った骨の矢尻があるのです。

僕は、石の矢尻が消えてからも、どうしてずっと骨の矢尻があるかわからなかったのですが、骨の矢尻は強力なんですね。妻木晩田遺跡では骨の矢尻があったとしても、残念ながら全部、消えているのでしょう。

骨製品は、いい条件がないとなかなか残らない。山の上の遺跡では、骨の矢尻は残りません。青谷上寺地遺跡では残っている。だから、妻木晩田遺跡で石の矢尻がみつからなくても、骨の矢尻をたくさん持っていたにちがいないと思います。

『続日本紀』によると、奈良時代に「よろいは全部、革製にしろ」と、朝廷は命じています（七八〇、宝亀一一年八月一八日）。古墳時代には、鉄のよろいがたくさんあるので、僕はそれ以降、よろいは全部鉄になったと思っていたのですが、全部鉄にしたら、重くてしょうがないですね。だから、鉄のよろいは大将クラスには着せるかもしれないが、一般の戦士のよろいは革だった。ところが、革はバカにならないのです。革を硬くして、漆で固めると、もうパンパンで本当に硬いものだそうです。そこで、奈良時代には「全部革よろいにしろ」ということで、革よろいになるわけですね。革よろいになったときに、鉄の矢尻ほどは力がないかもしれないけれど、骨の矢尻は有効だった。だからこそ、一二世紀にも残っていた。鎌倉時代に入った頃です。北でも南でも、鉄の矢尻とともに骨の矢尻がある事実を、はじめてわかった気がしました。『魏志』倭人伝に鉄の矢尻とか骨の矢尻と書いてあって、石の矢尻が出ていないのも、骨の矢尻が強力だったためとわかってくるのです。

つまり、文字の記録として残っているだけですけど、いろいろ考え合わせてくると、それだけに終わらないで、内容は広まってきますね。そうなってくると、たまたま僕が読んだアメリカやヨーロッパの考古学の記事で、沖縄と北海道に鉄の矢尻と一緒に石の矢尻が消えたのに、骨の矢尻だけなぜ残るのかという疑問が、パーっとつながって説明できるようになった。こういう時は、楽しいです。

皆さんも、いろんなものを見ていった時に、まるで関係ない事象が、ちょっとしたヒントで繋がってみえてくる楽しさの経験をされていると思います。

一〇　おんぶとだっこ

縄紋時代の土偶に、赤ちゃんを胸に抱いている姿があります。土偶はお人形、土の人形という意味です。木で作れば「木偶《でく》の坊」というでしょう。

ちょっと描いてみます。残念ながら、顔はありません。赤ちゃんを抱いておっぱいをやろうとしていて、横座りの土偶です。解剖学の養老孟司さんによると、赤ちゃんの頭をお母さんの左胸にもってくると、お腹のなかにいたときから聞いてきたお母さんの心臓の音が聞こえて、安心するのだそうです。右利きのお母さんにとっては、右手が空いている方がいいから、左胸に赤ちゃんの頭がくるのが自然でしょう。土偶には、おんぶしているのもあります。お母さんが、おんぶをしたり、抱っこをする姿が、縄紋時代にはある。

それから、古墳時代。今から一四〇〇年前の埴輪に、おんぶと抱っこが一つずつあります。だから、古墳時代も、女の人、おそらくお母さんが、おんぶしたり、抱っこしていた。それから後は、絵巻物をずっとみていくと、やはりおんぶと抱っこで、女の人なんですよ。ただ一つ、『源氏物語絵巻』の「柏木」という巻に、源氏が薫を抱いている場面があります。男が赤ちゃんを抱いている。だけどこれは、「おー、可愛い、可愛い」ってあやして、すぐに女の人に渡したに違いない。長い間、男の人が抱っこしているというのは、おそらくなかったと思います。

『万葉集』にも一カ所だけ、赤ちゃんの時、お母さんに抱かれたという歌がある（巻第一六・一二七九一）。

海外でもそうかもしれませんけど、鎌倉時代にはおじいさんやおばあさんが、安土桃山時代には子どもが背負うこともありましたけれども、日本では縄紋以来ずっと女の人が、まあ大概はお母さんが赤ん坊をおぶったり抱っこして、現在に至っています。僕の時代もそうでした。しかし、今の若い夫婦をみると、お父さんが赤ん坊を抱いていることが多い。すると、いま日本男子は、縄紋以来の伝統を破って、日本の性的分業、自然的な分業を改めはじめた。男を称えるべきか、そうさせた女の人を称えるべきか（笑）。

僕はこういうように、昔と現在をつなぐことが面白いのです。絶対多数の考古学研究者にとっては、この時代はこうでと、この地方とこうでと、必ずしも今とはつなげない。僕は、現代とつなぐことによって、考古学をいっそう面白くしたいと思っています。

一一　出産の姿

今度は、赤ちゃんを産む姿勢です。最近は、お父さんもお産に立ち会うこともあるそうですけれども、僕の時代では、そんなこともありませんでした。出産の場面をみたことはありません。しかし、基本的には、お母さんは横になって出産する。これは、明治以来、西洋医学が入ってきてからです。座った姿勢で赤ちゃんを産む、縄紋時代の土偶があります。すると、これも絵巻物とつながって、絵巻の五、六例は、やはり座って産んでいます。

次に、民俗学を調べると、北海道のアイヌの人々、あるいは南の島々では、みんな座って産んでいたんですね。上から綱を下げてきて、それを握ってりきむ。絵巻物では、お産婆さんが後ろから妊産婦を抱きかかえている場合と、前から抱きかかえている場合があります。本土のなかにも、福井県の立石半島には、最近まで産小屋が残っていて、そのような姿勢で産んだと、谷川健一さんが書いています（一九九九年『日本の神々』岩波新書）。皆さん方も、お婆ちゃんに聞けば、そういう記憶が残っている可能性があります。

ということで、縄紋時代からずっとつながってくる。古いところと新しいところをつなぐと、考古学の面白さは一段と素晴らしいと、そういう風に感じています。

一二　食べ物のこと

大昔と現代が結びつくのは、食べることもそうですね。誰でも自分は標準的、普遍であると思っています。自分はおかしいと思っている人はいない。食べ物に関しても、自分が食べている物は、ごく当たり前だと思っているんですね。昨日テレビでやっていましたけど、国語学の金田一京助さんが言っていました。日本人はお月様というとススキを思い出したり、月見を思い出す。だけど、アメリカ人は、月といえば人工衛星が行くことを思い出すと。オランダ人が日本へやって来て、日本人が月に心をときめかしたり、僕が月をみているると彼女もみていてくれるという和歌を作ったりという心情は、わからんといっています。

お花見もそうですね。世界広しといえども、貴族から一般庶民に至るまで、つまり社会の上下を問わず、ある花をみるために集団が移動する。これについては、明治時代に日本にやって来たバジル＝ホール＝チェンバレンというイギリス人が書いています（高梨健吉訳、一九六九年『日本事物誌』東洋文庫、平凡社）。東京の場合、一月から一一月までお花見の花として、ウメ、サクラ、ボタン、ツツジ、フジ、ショウブ、アサガオ、ハス、キク、紅葉をあげ、紅葉は日本人にとって花であると書いている。お花見は、僕たちにとってはごく当たり前な風習です。本土、つまり九州・四国・本州の習慣ですね。そして、外国にはないのです。

食べ物の場合も、世界的にみると日本の本土の食べ物は異常です。血をほとんど食べない。血を口にしないのは、イスラム教徒。ユダヤ教徒も同じですが、彼らは、神聖だから口にしない。それに対し、日本本土では汚いと思うから口にしないです。ただし、マタギなどの山の民は食べていました。それから、動物の内臓は、一九四五年以降韓国式の焼肉が入ってきたし、ホルモン料理でもかなり食べるようになった、肝臓はよく食べるようになってきたかもしれないけど、ほかの内臓はほとんど食べない。これも、世界的には珍しいことです。

それから、動物の油、脂肪です。中国ではドーナツ、つまり油で揚げるお菓子も、全部豚脂で揚げていたわけです。沖縄もそうでしたよね。今はもう植物油になりましたけど。だから、内臓・血・動物の脂肪、これを口にしないというのは、世界的に珍しい食習慣です。しかし、おそらく縄紋時代に食べていた。奈良時代にも食べていたのでしょうね。ほとんど口にしなくなったのは、平安時代以降ですかね。それは、遺伝子に組み込まれているのではなくて、その後の伝統になったのでしょう。

縄紋人は、犬を大切にしました。犬のお墓は、たくさんあります。なぜお墓とわかるかというと、一体分の骨が出てくるからです。鹿や猪は食べていましたから、骨がバラバラで出てくるし、骨を調べると、肉をはがすための切り傷があるし、髄を食べるために割ったあとがある。縄紋人は、犬をあまり食べてない。それが弥生以降になると、犬をおおいに食べるようになって、平安・鎌倉時代、あるいは江戸時代の遺跡を掘ると、一方では犬のお墓も出てくるけど、一方では、犬をさかんに食べている証拠があります。

こういうふうにみてくると、文字ではあまり残らないことでも、考古学ではわかってくる。文字の記録には、都合の悪いことはあまり書かない。啓蒙主義で有名なフランスのジャン・ジャック・ルソーが、昔は「懺悔録」、今は「告白録」と訳しているのかな、その本に書いている。自分がやった悪いことはみんな書くはずですが、女性関係については書いていないそうです。まあ、普通は書かないですよね。僕が感心したのは、岩波文庫に夏目漱石の日記があります。これには、皇室批判が出てくる。能だったか、劇だったかをみるのに、皇室は煙草を吸ってかまわない。一般は煙草を吸ってはいけないのに、皇室の人は煙草を吸っていとはけしからんと書いている。火を人につけてもらうのはけしからん、火ぐらい自分でつけろと書いている。それから、明治天皇が亡くなった時に、歌舞音曲などいろんなことを自粛しますね。その批判を書いています。だけど、面白いですね。そんなこと忘れてしまって、昭和天皇が亡くなった時も、同じことをやりました。自粛しました。

そういう伝統は、つながるのです。漱石の日記でいちばん凄いのは、奥さんの悪口です。よく遺族が印刷するのを許したものです。お手伝いさんと一緒になって、私のことを早く死ねばいいと思っているというような内容をさかんに書いています。普通は、そういうことって書かないですよね。だから、さっきの犬を食べたなどということも、あまり文字資料としては残っていないのではないでしょうか。ところが、考古資料というのは、情け容赦なく全部残って、あからさまにするのです。

一三　考古学が使う資料

それから、ちょっと話が戻ります。さっき文献史学と民俗学と考古学を並べたのですが、ここで注意を要するのは、使う資料が違うということです。文献の場合は、時代を遡れば遡るほど中央政府が書いたものになります。中央政府の役人、地方政府の役人が書いたものです。一般庶民についても、その立場から書いている。一般庶民が実際どう思っているかなんて書いてない。中央からみれば「九州の連中は」とか「東北の連中は」ということで、事実とは全然違うことも書いている。たとえば東北の蝦夷《えみし》についていえば、「農業を知らない。狩りをして暮らしている」と書いてある。いま、考古学的には、彼らはちゃんと農業をやっているということがわかっています。

文字は、そもそも支配の道具として生まれてきたわけですから、支配者側が書いている。さらに、七、八世紀に、律令つまり法律にもとづく政治がはじまりました。これは、要するに文字による支配がはじまったということです。僕たちもいま、文字による支配を受けています。道端でおしっこをすると、軽犯罪になる。それを知らなくても、『六法全書』を示されたら、「あー、ごめんなさい」ということになる。僕たちも文字の支配を受けている。文字は、基本的に支配者側のものであった。それが、だんだんと庶民も使うようになってきた。その点、『万葉集』はすごいですね。『万葉集』には、庶民の歌が出てくるし、「貧窮問答歌」もあるし、世界的にみても、庶民の声が反映されているという点では異例でしょうね。

もう一つは、文字資料は、圧倒的に男が書いたものだということです。紫式部とか清少納言は偉いものですね。僕が知りたいのは、紀貫之が『土佐日記』を、女が書いたことにして書いているのが、文体だけにとどまっているのか、女の人の心で書いているといえるものなのかどうか。また、そういう研究があるのかどうか。

現在、本屋さんに並んでいる本も、やっぱり男の書いたものが多いですね、いまはかなりの数、女の人も書いているけれど。江戸時代に遡ると、もう女の人の本はほとんどないかも知れません。ということで、文字は基本的に支配者側のものであり、時代を遡れば遡るほど男のものであった。だから、資料そのものに偏りがある。

民俗資料はどうか。これは老若男女すべてのものがあります。つまり、習わしであるとか、掟であるとか、言い伝え、あるいは民具、いまだと農具とか、全部そうです。男が使うもの、女が使うもの、子どもが使うもの、年輩者が使うもの、全部ある。だから、この点では民俗資料は平等です。

ところが、民俗学はあまり高貴な社会へは接近しない。折口信夫さんは、皇室のこともやりましたけども、基本的に民俗学は庶民の学として発達してきている。皇室とか貴族社会のことは、あまり研究対象にしない習わしになっています。しかし、実は皇族の民俗学的研究は面白いですよ。皇族、宮廷というのは、生きた文化財なのです。

奈良時代に、墨で顔をかいた土器があります。そこへ息を吹き込むのです。そして、ふたをして流す。そうすると、自分の持っている病気や災いが全部流されていく。このことを、奈良の文化財研究所の平城旧跡に三笠宮さまがいらしたときに、坪井清足さんが説明したら、三笠宮さまが面白かったんでしょうね、お兄さんの昭和天皇に伝えた。そうすると、お兄さんは、「わしもやっとる」といわれたそうです。僕も、宮城や東宮に行った経験があり、そのとき侍従の人に確かめたら、「やっておられます」とのことでした。奈良時代のことが、宮廷にはいまも生きているのです。

さて、考古学はどうか。考古学の資料は平等です。男が使ったものも女が使ったものも残っている。それから、古墳のように身分の高い人のお墓や、身分の高い人の家の跡、彼らの使ったものが目立っているけれども、庶民の家の跡も残っているし、お墓も道具も残っている。だから、考古学の材料は、男女を超えて老若男女、身分の上下を越えて、全部残っている。そういう意味では、考古資料は平等です。

一四　客観的にみることの難しさ

そうすると、問題はこの三つの文献学、民俗学、考古学で、研究者がどのように客観的に勉強しているかということです。

研究者は、客観的にものをみているつもりでも、その人が生きている社会に縛られています。たとえば一〇〇年前に、アメリカのモルガンという文化人類学者が、人類の発展段階を「野蛮」・「未開」・「文明」と分けました。これを、ドイツの経済史学者のエンゲルスが受け継ぎました。そして、「野蛮」から「未開」へ、「未開」から「文明」へと、人類は進歩したと論じた。「野蛮」と「未開」は、それぞれ三つに分かれています。モルガンが考えたのは、「野蛮」のいちばん下の段階では、人間はお魚を食べていない。なぜなら、まだ火を使ってないからです。「野蛮」の中段階になって、人は火を使いはじめる。そして、お魚を食べはじめる。つまり、お魚を生で食べる風習のない社会の人ですから、火を使うようになって、はじめてお魚を食べたと考えました。さらに、エンゲルス先生は、魚だけではなく、蟹とか海老を付け加えました（笑）。しかし、やはり「野蛮」の中段階で火を使うという説明は、そのまま受け継ぎました。アメリカ、ヨーロッパではお魚を生で食べる風習がありませんから、客観的に学問をやっているつもりでも、自分の社会に影響されているのです。

一五　女性研究者の活躍

それから、民俗学の柳田国男さんは、たくさんの女の人を集めて、女の民俗学者を育てました。代表は瀬川清子さんで、たくさんの本も書き、素晴らしい仕事をしています。柳田先生は本当に女性に理解があったと、瀬川さんは柳田さんを称えています。

ところが、現代の民俗学では、亡くなった坪井洋文さんも福田アジオさんも、柳田さんの女性の扱いは、男が上にいて女がそれにしたがっているという社会における女の理解に過ぎないと、強烈に批判しているのです。けれども、坪井さんや福田アジオさんがそういえるのは、社会が男女同権をめざしている時代に生まれ育った人だからこそだと思います。柳田国男さんの女性への理解を、しょせん男が上で女が下という社会のなかでの理解に過ぎないと批判するならば、柳田さんと同じ時代に生きた他の人たちがどのように女の人を扱ったかということも比べなければいけない。評価というものは、そうあるべきでしょう。

ですから、研究者も自分が生きている世のなかの情勢、社会、思想、風潮と無関係ではありえないのです。当然ながら、現代社会では、自由、平等、平和から外れる方向に向かう学問は認めていません。これは、学問に限りませんけれども、今はそうなってきている。その点では、現在の世のなかは、学問がはじまってからいちばん健全な姿にあるかもしれません。そうとばかりはいえない部分もありますけれども……。

ここで、僕が面白いと思っていることをあげます。男がやっても女がやっても同じ結論になる学問もあるのです。物理、化学、数学です。ピタゴラスの定理は、ピタゴラスの奥さんがやっていても同じ結果が出たと思います。たしかにキュリー夫人のように女の研究者もいましたけれども、圧倒的多数は男が学問をやってきました。男がいろいろなことを導いてきました。しかし、定理とか公理とか原理とか、そういうものを導く仕事は、男がやっても女がやっても同じだろうと。数学、物理、化学、それから文学関係でいえば文法、国文法は、おそらく男がやっても女がやっても同じ結果になるでしょうね。だから感情に左右されない学問、理性的な学問の導く内容は、男女の差がない。それから個人の差も越えるかもしれません。AがやってもBがやっても、結果として導かれるものは個人差を越えたものになるかもしれません。大雑把にいえばそうでしょう。

ところが、心、感情を扱う学問もある。文学、歴史学（文献史学）、民俗学、考古学、民族学、心理学、美術史学などなど。この心、感情を必要とする学問では、男と女で解釈や結論が変わってくるのです。女の美術史学者がたくさん頑張っていれば、美人画というジャンルではなくて、美男画というジャンルができたかもしれない（笑）。

いまは、ご存知のように女の研究者がたくさん出て、男がやってきた仕事をどんどん覆しています。とくに面白いと思ったのは、オーストラリアです。オーストラリアの民族学も、男の研究者がやってきました。男の研究者が行って、現地の男の人に社会の仕組みを聞いて、男はこう、女はこう、「女はろくに仕事をしない」とか、聞いた成果をまとめて出版してきました。いま国立民族学博物館がオーストラリアを調査するときは、女の研究者も参加します。そして、女の研究者が現地の女の人に聞きます。すると「男の人はほとんど仕事をしません」というように、いままで、男に聞いてきたことと、全然違う内容もでてくる。

オーストラリアの民族学の本には、「蜂蜜は男しか舐めない」と書いてありました。最近女の研究者が調査に加わって、女の人に「男の人しか蜂蜜は舐めないそうですね」と聞くと、「はい、男の人はみんなそう思っています」という答えが返ってくるそうです（笑）。

大林太良さんは、民族学や神話学の研究者というより、日本の頭脳ですね。本当に偉い人、凄い人です。ところが、ご飯が炊けない、洗濯しない。洗濯機のなかからたたんだ状態で出てくると信じていた人であります。その大林さんがタイ国ならタイ国へ行って台所を調べても、何もわからないでしょうね。つまり、洗濯も、ご飯を炊くということも知らない人が、タイ国の台所をみても、どこがわからないのかわからない、何を調べたらいいかわからないでしょう。

人類社会は男と女とによって成り立っているのですから、とくに人を対象とする学問は、男も女もそれぞれがやって、その成果を総合しないと、正しい結論にならないと思います。いままでは学問をほとんど男が独占してきた、それがいまはどんどん女性の研究者が増えてきたということは、うれしいことです。そして、とくに考古学は資料自身は平等なのですから、女性の研究者佐古和枝さんの活躍によって、この妻木晩田遺跡についても、男だけではいえないことがどんどんわかってくるのではないかと期待しています。

一六　考古学は未来を照らす

考古学は、過去を学ぶ学問です。文献史学、せまい意味の歴史学もそうですね。それだけだと思っている人も多いのです。考古学や歴史に関心のない人は、現在と関係ないと思っている。しかし、過去を理解した上で現在をみると、過去を考えないときに比べてはるかに現在がわかる。あるいは将来を見通すことまでできる。これは、戦争の歴史、環境破壊の歴史をみてもいえることです。つまり、いまや考古学はけっして過去だけの学問であってはならない。現在とも結びつき、将来とも関わる学問でなければならないと思います。

とくにいま、開発優先、経済第一の時代から自然環境、歴史環境をいかに生かして生きるかという時代に入っているので、妻木晩田遺跡も、ただ過去だけを考える遺跡ではなくて、歴史公園であるとともに、将来に向けて自然を大切にする公園でもあることを目指したいと思っています。遺跡の大切さをほとんど喋らないままに終わりました。

（一期一回　一九九九年一〇月）

第二講義

考古学の年代の決め方

佐原　眞

子どもたちと遺跡を見学（1998 年 2 月）

一　年代は、どうやって決めるか

今日は、考古学の方法のこと、考古学では年代をどうやって決めているかという話をしたいと思います。まず、年代をいう時には二種類あります。やよい塾事務局の前田さんや佐古さんに比べると、僕の方が年上で彼女たちの方が若いと、比べて古い新しいという比べ方があります。これを相対年代といいます。それから、僕は一九三二年生まれであると、具体的な数字で年代をあらわすことがあります。これを絶対年代といいます。

二　層位から新旧を決める

まず、相対年代についてお話しします。考古学では、どうやって古い新しいの順番を決めるのでしょうか。地質学、あるいは地学ともいいますが、イギリスのウイリアム・スミスさんという研究者がいました。これはごく平凡な、どこにでもいそうな名前です。この人は、運河を造るなど、土木工事の関係者だったのです。だから、あちらこちらで崖を崩す。そして、その崖の面をみていた。そのときに彼が気が付いたのは、土の層、あるいは岩石の層、これを地層といいますが、その地層が平らに積み重なっている。崩れて平らでない場合もありますが、水平に積み重なっている場合は、当たり前のことですが、下の地層の方が古い。上の方が新しい。

そうすると、ここからが大切なのですが、この地層のなかに化石が入っている。僕は古生物はよく知りませんが、サンヨウ虫とかオウム貝の一種のアンモナイト、あるいは恐竜だとか、いろんなのがいるではありませんか。地層を見ていくと、この層にサンヨウ虫が入っている。その上の層にアンモナイトが入っている。そのまた上の層に恐竜が入っている。生物の進化の順番は、この地層の順番に違いない。植物でも同じですけれども、そういう積み重なりが、生物の進化をみきわめるために使えるということに、スミスさんは気が付きました。それが一つです。

今度は、ここから遠く離れた、たとえば、鳥取県と千葉県でもいいですが、千葉県で、ここにアンモナイトの層が出てきた。そして、この層にサルの化石が入っていて、この層に哺乳類が入っていて、この層に両生類が入っている。そうなってくると、遠く離れていても、違う場所でも、生物の進化の順番はこういう具合にいえるのではないか。そういうことを、スミスさんが明らかにしたのです。チャールス・ダーウィンの進化論というのは、これに基づいているわけです。

考古学も、これをつかったのです。正確には覚えていませんが、フランスで旧石器時代の研究の初期の発表では、マンモスの時代、オオツノシカの時代という具合に、つまりこのままを使った分類がありました。初期には、マンモスの時代の石器はこんなものだ、オオツノシカの時代の石器はこんなものだといっているのです。それから、考古学的に石器を詳しく研究して、初めて出てきた土地の名前を使って遺跡の名前を呼ぶようになって、考古学は年代の順番の決め方の一つを決めたわけです。考古学の決めている層の重なり方、層の位地というものから、層位的とか層位学的とかいいますけれども、その決め方は地質学から学んだのです。

三　型式学的な変遷

次に、型式学的な順番の決め方は、生物学の進化論から学びました。ご存知のように、人間にはしっぽがないけれども、サルにはしっぽがある。僕たちには尾底骨というものがあって、もう役割は果たさないけれども、しっぽの元の部分は残っている。それから、俗に盲腸炎というけれども、虫垂突起は人間では無用の器官です。ところが、ウサギなどは、ちゃんとそれが役に立っている。食べ物が一度そのなかに入って、また出てきてくれるわけです。ところが、人間になると機能を果たさなくなった。そうすると、機能をもっていた部分が機能を失うというのは、機能をもっていた方が古いわけです。機能を失った方が新しいという考え方を、考古学は生物学から学びました。

たとえば、背広でたとえてみると、背広の袖に飾りボタンがあります。ワイシャツの袖は開け閉めができて、機能を果たしています。背広の袖ボタンは、かつて機能をもっていたのに、機能を失って、ただの飾りになってしまった。そうすると、仮に袖口が開け閉めできる背広があれば、そちらが先に現れて、これは後から飾りボタンが現れた。背広の歴史をやりたいと思うのだけれど、なかなか良い本が入らないのですが、背広の襟元にあるボタン穴は、バッチ用だと思っている人がいますが、これは詰襟の第一ボタンの名残りです。第二・第三ボタンはやめてしまったのです。これは、おそらくイタリア人かフランス人でしょうね、詰襟をチョッとあけると、粋じゃないかと。ドイツ人ではありえないと思いますね。で、これができた。

それから、僕のポケットには本当にいろんなものが入っていて、空港でチェックされる前には本当に参ってしまうのですが、いろんな物が入っている。僕にとってポケットというのは、物を入れるべき役割を果たしているのです。本来そうですね。ところが、評判が悪いのです。家庭だけではなく勤め先でも、「そんなに物を入れてポケットの形が崩れて……」といわれるのです。おそらく近い将来、絶対多数の人にとって、背広のポケットに物を入れるのがみっともない、ポケットというのは何も入れないものであるということが大多数を占めたならば、将来はポケットの口は閉じたままになって、飾りとしてついているというものになり得るのです。こういうのを考古学では、型式学的な移り変わりといいます。

だから、考古学はえらそうに、自分の方法としてそういうことをよくいうわけですが、年代を決める一つの方法は、地質学の方法にならって、層の重なり方で順番を決める。たとえば、いくつもの土の層のうち、この面から掘られた柱の穴がある。ところが、この面より下の層から掘られた柱の穴があれば、当然そちらが古くて上の面の柱穴が新しい。そういう決め方をしているわけですね。それから、この型式学の方は生物学の進化論の考え方にならって、土器の模様、形などが、時代とともに移り変わってきたと考えて、新旧を判断しているわけです。これが、古い新しいという順番の決め方、相対年代です。

四　数字で現す年代

今度は、何年前かという絶対年代の話です。人間の歴史四五〇万年。文字の歴史は、西アジアで五〇〇〇年か六〇〇〇年、中国で三五〇〇年。そうすると、四五〇万年の人間の歴史を四メートル五〇センチとすると、メソポタミア、西アジアの文字の歴史は五ミリか六ミリ。中国の文字の歴史は三・五ミリ。文字が出てくれば、王様の移り変わりの順番が記録されたりして、そうすると鏡やお金などに文字を書いたりしますから、年代がわかります。そうすると、書いたものが日本列島へ来ているということで、文明の中心から外れた所でも、年代を推定することができるようになります。

五　共伴遺物

ただし、そういうものは代々伝わることがありますから、ローマならローマの貨幣が出てきたからといっても、ローマの時代のものとはただちにいえないわけです。そのときに何が一緒に出てくるかということが問題になるのです。

これは考古学で始めたことなのか、動物学で始めたことなのか、僕は勉強しておりませんけれども、たとえば、ご飯茶碗とお箸は全然違うものですが、ご飯茶碗とお箸が一緒にみつかった時に、それらが同じ時代のものかは、すぐにはわからない。たとえば江戸時代の、寛永通宝と縄紋土器が一緒に出てくることはあり得るわけです。ところが、スウェーデンのオスカール・モンテリウスという考古学者が言い始めたのですが、一緒に三〇回出てきたら同じ時代だと考えていいだろうと。これはすごいなあと思います。僕なら二回か三回でいいと思うのですが。新聞だとAとBがはじめてみつかったとなったら、新聞記事になります。ところが学問的にいえば三〇回出てきたら、これこそもう絶対大丈夫だということになるわけで、学問的にはその方が大切なのです。でも、AとBが三〇回目になったということは、新聞には絶対出ません（笑）。やっぱり「最初」とか「最大」、「はじめて」とかが、報道では大切です。

いずれにしても文字は、四メートル五〇センチのなかでミリの単位でしか使えない。ここから先はどうするか、そうするといろんな時計を使うわけです。

六　放射性炭素測定法

いちばん有名な時計が炭素14年代です。標準的な炭素は、炭素12というものです。炭素13とか炭素14というものもあるのです。周期律表というものがあります。炭素12も炭素13も炭素14も全部同じところに入ってくるのです。同じところに入っているというところから、同位体といいます。

同位体のなかに二種類ある。それは、放射性同位体と安定同位体の二種類です。放射性同位体は炭素14です。太陽の黒点がいつも同じとは限らないから、ここのところが難しいのだけれども、宇宙線のなかで放射性を帯びた炭素14ができる。それと、当たり前の炭素との割合は一定である。これは長い間、宇宙線が作り出していた炭素14がいつも同じ量だったかという保証はないわけですけれど、仮に一定として大気のなかの炭素14と炭素12は同じ割合である。それが、僕のような年配でありますと、炭酸同化作用といいまして、若い人たちは光合成といいますけれども、二酸化炭素、炭酸ガスを取り入れて、炭酸同化作用、光合成で植物の体のなかに入る。炭素14と炭素12の割合は一定である。それを草食動物が食べる。草食動物の体のなかで炭素14と炭素12は一定である。それを肉食動物が食べる、人間が食べる。そうすると生物の体のなかの炭素14と炭素12は一定である。ところが、生物が死ぬとにわかに炭素14が放射能を発して減りはじめる。ある一定の速さで減っていくわけです。だから、昔の生物を発掘して、材木とか貝殻の炭素14の量を測ると、これが死んでから何年たったかがわかる。これが炭素14年代です。

炭素12と炭素13は、安定同位体ですから減らない。人の骨のなかにちゃんと縄紋人が生きていた時と同じ量が残っています。減らないから、時計には使えない。年代を決める時には、安定同位体はどうでもいいのですが、炭素14年代は重要な手がかりとなるわけです。

七　年輪年代測定法

もっと原理が簡単なのは、年輪年代測定法です。年輪の幅が、前の年よりどのくらいの割合で大きくなっているか、減っているかということを調べて、増減のパターンを作っておけば、その年輪がいつ頃のものか分かります。詳しい説明はやめますけれども、現在、杉と桧で紀元前六〇〇年、七〇〇年までいけるようになりました。ようするに、四メートル五〇の人間の歴史のなかで、文字でいえる年代というのは本当にミリの単位で、それから先は自然科学に頼る他はない。人間の歴史はせいぜいそのくらいですけれども、地球の歴史四六億年ということになると、もとあった放射能が半分になる半減期がもっと長い元素であるカリウムとかアルゴンを使います。それで岩石の年代を決める。そういうことで年代を決めています。

（一期一〇回　二〇〇〇年七月）

第三講義

世界のなかの弥生文化

金関 恕

講演する金関氏（2001年８月）

はじめに

私は塾長とはいっても、名ばかりで何の仕事も果たしていません。むしろ佐原眞さんの方が頻繁にこちらに通って、親身にお世話をしておられました。私が佐原さんほどマメに仕事していたならば、佐原さんより早くあの世に旅立ったと思っています（笑）。世の中には、早くから天職を自覚し、勤勉に仕事することを楽しみにしている人間と、できるだけ仕事を怠けて陶然と暮らすのを楽しみにしている人間の二種類がありま す。佐原さんは、私が怠け者タイプに属していることに気づいていなかったようです（笑）。それで金関は仕事がなくて困っているに違いないと思い込み、次々に用事を申し付けてきました。

その佐原さんが、東京の日仏会館のスイーリー館長に招かれて来日した、フランスの国立事前考古学研究所の初代所長で、パリ大学教授のジャン＝ポール・ドムール先生と会ったことがあります。ドムール先生は、ヨーロッパ新石器時代研究の権威です。先生は、日本の縄文文化の研究が大変進んでいることに興味をもち、日仏合同の研究会を開きたいと佐原さんに提案されました。しかし、佐原さんの勤め先の国立歴史民俗博物館にも、日仏会館にもお金がない。それで私のところに話がきました。私は「ユネスコ・アジア文化センター文化遺産保護協力事務所」という長い名前のついた事務所の所長をしております。「その事務所の主催で日仏を中心に新石器時代に関する学術シンポジウムをやれ」ということです。うまく行くかと危ぶみつつも所内から本部に案を出し、ゆっくりと計画を進めている間に佐原さんは逝去されました。亡くなってしまうと、それが遺言のように感じられて義務感が生じました。

とはいえ文化遺産保護協力事務所は、考古学の研究機関ではありません。文化遺産の保護に関する緊要のことでなければ、事業の承認は得られません。ところが、折しも二〇〇〇年に韓国の支石墓群が世界文化遺産に登録されたので「巨石文化」というテーマで学術討論を行う案を立てました。この機会に文化遺産としての支石墓に対する認識を深め、保存のために努力しようというわけです。東アジアの各地には巨石文化の一つとしてドルメン（支石墓）があります。ヨーロッパにも広く分布しています。東の巨石文化と西の巨石文化に関わりがあるのか。直接の関係がないとしても、何か共通した文化の基盤から生み出されたのだろうか、という問題を採りあげることにしました。幸いこの企画は、本部で承認されました。同僚の工楽善通さんが努力を傾注して下さったおかげです。二年かかりましたが、それがやっと昨日実現しました。フランスからはドムール、ギレーヌ両先生が、また、イギリス、インド、インドネシア、中国、韓国そして日本の研究者が集まり、非常に有意義な研究集会になりました。ヨーロッパの研究の奥深さを学ぶこともできました。「巨石文化」というけれど、それは本当に「文化」と呼べるものであるのか、単なる「現象」ではないのか、という指摘もありました。同席して先生方の話を直接聞けるのは、大変勉強になります。

貴重な時間を長い前置きで消費して申し訳ありません。ひと仕事を終えて、興奮冷めやらずといったところなので、お許しいただいて、今日は支石墓にまつわるとりとめないお話をご披露しようと思います。

一　アジアの支石墓（ドルメン）

日本で巨石文化といえば、まず支石墓があげられます。棺の上に大きな石を置いた埋葬施設です。縄文晩期から弥生時代の初めにかけて、また一部の地域では弥生時代の中頃までの時期に造られました。福岡・長崎・佐賀など北部九州を中心に分布しています。山口、愛媛などにも少数みられます。日本の支石墓は他の国の支石墓に比べて小規模で、上に置かれた巨石はその名にふさわしからず、二、三人で抱えられる程度の小さいものがあります。

韓国では、南西部の全羅南道に二万基ほどあるそうです。熊本大学の甲元眞之先生が分布図を作ろうと思って、地図に遺跡の位置を点で示したら、南西部が真っ黒になってしまったそうです（図3）。最初から真っ黒に塗っておけばよかったのに（笑）。

朝鮮半島の支石墓には、北方型（図1）と南方型（図2）の二種類があります。北方型は、板状の石を立てて箱形の空間を作り、その上に巨石を載せます。下の空間の一方は、取り外しができるように低い石を使っていて、後から何人でも追葬ができるようになっています。だから、数は少なくてもいいのですね。それに対して、南方型の支石墓は、地下に木棺や石棺を埋めて、その地上部分に比較的小さな石塊を支え石として、巨石を載せます。追葬はできないので、数が多くなるのです。朝鮮半島でも、なぜ南西部に多いのか、なぜ東海岸には少ないのか、という問題が残されています。

中国では、遼寧地方に北方型のものが分布しています（図4）。また僅かではありますが、福建省の瑞安や山東省にも支石墓が見いだされています。現在まで残っているもののほか、史料によって存在が類推されるものもあります。余談になりますが、そうした史料を紹介しましょう。

二世紀の末ごろ、遼寧地方では公孫氏という一族が勢力を伸ばし始めました。後漢の霊帝の時期に当たります。まず、公孫度という人物が独立を図り、地方政権を確立します。度の子の康は、朝鮮半島に進出して帯方郡を設置し、孫の淵はこれを固めました。それ以後、「韓と倭は帯方郡に属す」と『三国志』に書かれ

図１　朝鮮半島北部の支石墓

図２　朝鮮半島南部の支石墓

（図１～３　甲元眞之「朝鮮半島の支石墓」 図４　宮本一夫「中国の支石墓」、いずれも西谷　正『東アジアにおける支石墓の総合研究』より）

図３　朝鮮半島支石墓分布図

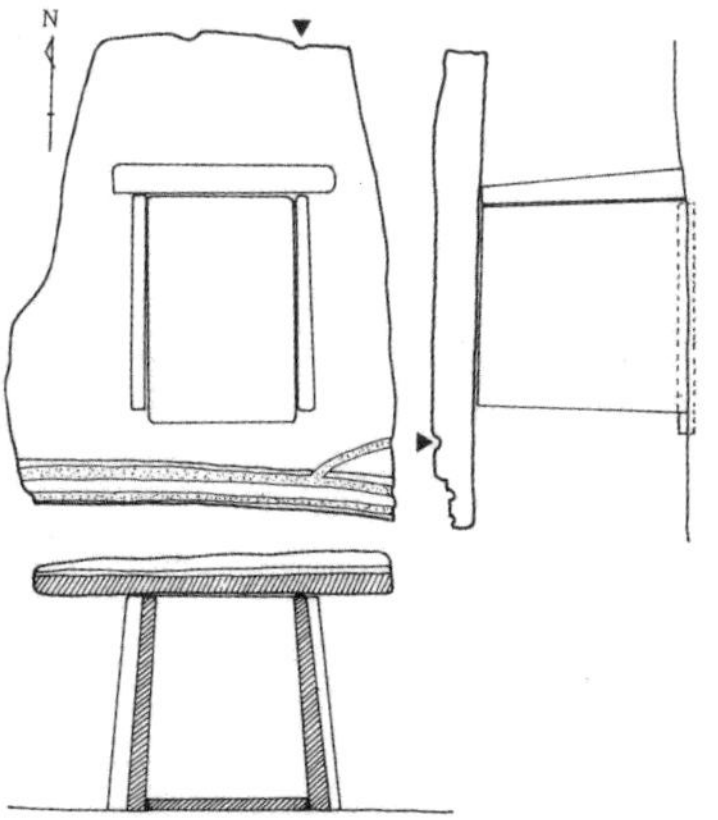

図４　遼東の支石墓台子遺跡

ています。邪馬台国の卑弥呼の時代です。ところが淵は、二三八年に魏の将軍、司馬懿の軍勢によって斬られます。これを察知したのでしょう、翌年の景初三年に卑弥呼は魏に使を送りました。卑弥呼が魏に使者を送った背景にはそういう事情がありました。

公孫度の伝記によれば、度が独立を図っていた頃、郷里の襄平県延里の社（祭場）で長さ一丈あまりの大石が出たことがありました。大石は小さな三つの石に支えられています。ある人が度に「このような大石が出るのは漢の宣帝の冠石の瑞祥と同じです。また、延里の延というのは（度の）父君のお名前です。三石は天子を支える三公です」といったので度は大変喜び、独立する決心を固めました。冠石の瑞祥については『漢書』の劉向伝（楚元王伝）などにも書かれていますが、宣帝が即位されるとき、山東省の泰山近くで三石に支えられた大石が出たので瑞祥だと喧伝されたということです。延里の大石も山東省のも支石墓だったのですね。私なら「独立するよりも発掘しよう」というのですけれど（笑）。後漢の時代には、支石墓が何であるかはもう忘れられていたことを示しています。

インドネシアのある地方では、今でも村長が亡くなると、いくらか日をおいて、一五〇人ばかりの人が山に入り、墓にする巨石選びをするそうです。石が決まると修羅のような道具で村まで運び、盛大な祭りを催し、基礎の石の上に巨石を置いて葬るのだそうです。今でも、そういう習慣が残っていると報告されています。

二　ヨーロッパの支石墓

ヨーロッパで巨石文化といえば、イギリスのストーン・ヘンジなどが有名ですが、広く分布しているのは支石墓です。ドルメンと呼ばれています。長い墓道つきのものもありますが、基本構造は遼寧省や朝鮮半島の北方系のものと似ています。フランス、ノルウェー、スウェーデン、ドイツの大西洋沿岸地域、それからイベリア半島、コルシカ島、スペイン東海岸、さらに南フランス、サルディニア島など地中海沿岸にもあります。しかし、イタリア本土やシシリー島では見つかっていません。内陸部ではフランス以西にありますが、東欧の平原の農耕地帯にはありません。

もっとも多いのは、スペインのバルセロナ周辺で、三〇〇〇基ほどあるそうです。東アジアにもヨーロッパにも、なぜ支石墓の空白地帯があるのか、これも興味深い問題です。

ヨーロッパの支石墓は、新石器時代の後半、紀元前四〇〇〇年から紀元前三〇〇〇年頃の遺構です。この頃、ヨーロッパ人は銅を使い始めるようになります。石器と銅の両方を使っているので、この時代を「金石併用時代」と呼びます。少し説明しますと「石器時代」とは石の道具を使う時代という意味ではなく、石の刃物を使う時代なのです。青銅器時代は、青銅の刃物を使う時代のことです。青銅は銅に錫を混ぜた硬い合金なので刃物として使えますが、純銅は柔らかくて刃物にはなりません。ギリシア語で銅は「カリコス」です。石は「リトス」です。銅と石の両方を使う時代なのでカリコリトス時代、英語化してカリコリシックという時代名称ができました。かつてラテン語とギリシア語を混用してエネオリシックと呼ばれていた用語が修正されたわけです。浜田耕作先生は、カリコリシックを「金石併用時代」と訳されました。この場合「金」

は銅のことです。中国では、紀元前五世紀頃の戦国時代から金（ゴールド）を使うようになりましたが、それ以前「金」といえば銅のことであり漢学風の学術用語ではしばしば金の字をもって銅を表しています。

石器時代も終わるころになると、少しは暮らしに余裕ができたのでしょう、銅を用いて道具や装身具を作り、支石墓を築くようになりました。なぜ海岸部に支石墓が多いのでしょうか。ヨーロッパの研究者は、傾聴に値する興味深い見解を出しています。ヨーロッパの農耕文化は西アジアの肥沃な地帯、いわゆる「肥沃な三日月地帯」から二つのルートを通じて伝わってきます。一つは、地中海の沿岸伝いです。もう一つは、黒海の北を通り、東ヨーロッパに入って行くルートです。そして、それぞれのルートに沿って農耕文化が海岸部まで広がった時、耕作者たちは広げるべき農地に限界のあることを感じ、土地の領有観念が生じたであろう、少なくともその観念が強くなったであろうと想像されます。「ここは私たちの土地だ」という土地の領有を象徴的に示すために、大きな巨石墓を築いたのだというわけです。

三　日本で支石墓を築いた人々

西北九州の支石墓は、朝鮮半島の南西部にある支石墓と共通するタイプです。それでは、朝鮮半島の人たちが九州にやってきて水稲農業を伝え、支石墓を築いたと考えるべきでしょうか。そうではないようです。採集された人骨は少数に過ぎませんが、葬られているのは、顔つき・体つきからみると、縄文人の子孫たちです。稲作が伝わった当初の遺跡で出土するのは、縄文人の子孫たちの骨なのですね。弥生早期の神戸市新方遺跡出土の人骨も縄文系です。前期後半になって奈良の唐古《からこ》・鍵《かぎ》遺跡などで、渡来系とされる人骨が出土しその分布が広がるようになります。稲作が伝わった頃の朝鮮半島の人々がどのような体つきであったのか、実はよくわかっていません。朝鮮半島南岸の勒島という島で出土した人骨は、縄文人に似ているといいます。もしかすると、稲作が伝わった頃には、朝鮮半島の南部の人々と縄文人は同じような顔つき、体つきをしていて、弥生前期後半ごろになって、違った体つきの、いくらか背の高い人たちが渡来してきた、ということかもしれません。

稲作文化が伝わり、多少とも権力をもった人が出現する時期に、支石墓が作られる地域ができる。それがなぜ作られなくなったか、という問題も残されています。西ヨーロッパでは、支石墓が作られなくなった後、石を用いた大きな墓室を作り、そこに二〇〇～三〇〇人を埋葬しています。支石墓社会が崩壊して平等化が進んだと、ヨーロッパの学者たちは考えています。墓の制度が民主化するわけです。日本では弥生時代の後期になると、墳丘墓という有力者またはその家族のための墓が出現し、古墳時代になると前方後円墳という特定の人のための大規模な墓を築くようになります。ヨーロッパ西部地方では、紀元前一八〇〇年ごろから青銅器時代となります。青銅器時代がごく短期間で経過した日本の社会との違いが感ぜられます。

四　金石併用時代のパレスチナと弥生社会の比較

私は、以前から継続してイスラエルで発掘調査をしてきたこともあって、その地域の歴史に興味をもっています。弥生社会を考える参考として、パレスチナの金石併用時代をとりあげてみましょう。

よくご存知のように、パレスチナは旧約聖書に登場するペリシテ人の名に由来します。彼らは、紀元前一九世紀頃、地中海から海岸平野に侵入し、いくつかの町を建設しました。この地に鉄器文化をもたらしたのもペリシテ民族だとされています。一世紀のユダヤ戦争後、占領したローマは、ユダヤ・イスラエルの名を抹殺し、地中海沿岸からヨルダンに広がる地域を、古い民族名をとってパレスチナと名づけました。オスマン・トルコからイギリス委任統治時代以後までこの名が踏襲されています。今のイスラエルも、この地域に含まれています。

地中海東岸の南寄りの一帯では、西の地中海の海岸平野と平行して、南北方向の中央山地帯が連なっています。山地からカルメル山脈と呼ばれる支脈が、南東から北西に向かって派生され地中海に突き出しています。ナイル河が太古の昔から吐き出す大量の砂は、潮流によって沿岸を東から北に運ばれますが、カルメル山脈突出部ではばまれるために、突出部以南に堆積しました。こうしてパレスチナ南部には、堆積した砂が広い平野、海岸砂丘、遠浅の海、屈曲の乏しい海岸線といった地形を造りだします。いっぽうカルメル山脈より北にはナイルの砂が運ばれないので、海岸線は屈曲した古いままの景観を遺し、海は深く山は海岸に迫って、平野の乏しい地形となっています。カルメル以南に住み着いた人々は、平野と山の裾野を利用した農民・牧羊民として活動し、カルメルより北の人々は、深い海岸に港を営み、近くの山から木材を伐りだして船を建造し、地中海に乗り出して貿易活動に従事しはじめます。南のカナン人と北のフェニキア人に分かれるわけです。

カナンの地は、西から砂丘地帯、平野、シェフェラと呼ばれる山裾の丘陵地帯、標高七〇〇メートル余りの険しい山地となっています。山地の東斜面は急に下がり、標高マイナス二〇〇〜四〇〇メートルの深い谷底になります。断層によって造られたこの谷が、グレート・アフリカン・リフト（中央地溝帯）という地球の皺です。北はヘルモン山のあたりから南はアカバ湾をへて紅海の海底を横切り、アフリカ大陸に刻み目を入れる大きな地溝帯です。地溝帯の北寄りにはガリラヤ湖があり、湖からヨルダン河が南に向かって流れ出し、死海に注ぎます。このあたりの地溝帯は、ヨルダン河谷とも呼ばれています。死海の水面は約マイナス四〇〇メートルで、地球でもっとも低いところです。集まった水は蒸発するだけです。そのために塩分が濃くなり比重はとても重く、塩の海ともいいます。死海に浮かんで新聞が読めるというのは本当なのですね。

このあたりでは、紀元前四三〇〇年ごろに、カリコリシック（金石併用時代）が始まります。年代は古いけれども弥生時代と多少似たところがあります。ちょうどこの頃に、バルセロナ周辺にヨーロッパでは最古といわれる支石墓が造られます。古い支石墓は、ガリラヤ湖の東のゴラン高原の上にもあります。どちらが古いのか、関係があるのかないのか、実はよくわかりません。ヨルダン河谷周辺のこの時期の有名な遺跡として、テュレイラト・エル・ガッスールが知られています。テュレイラト・エル・ガッスールは「石鹸工場」という意味です。発見された時、近くに石鹸工場があったので、変わった名が与えられました。最初に発見され、しかも大きな集落なので、パレスチナの金石併用時代の文化はガッスール文化とも呼ばれています。この文化期になって、新たにオリーブの栽培が始まります。これはギリシア文化の経済的な基盤の一つにもなりました。また、ナツメヤシの栽培も始まりました。ナツメヤシが一本あれば、一家族が暮らせるそうです。無駄話ですが、ナツメヤシは背が高くて実の採集が面倒なので、最近、人の手が届く程度の低いナツメヤシに改良されました。ところが、鹿がやってきて、せっかく作った実を全部食べてしまうのだそうです（笑）。やはり神様の与えて下さったものは、人の知恵で変えてはいけないということなのでしょう。

テュレイラト・エル・ガッスールには、公共のための集会所のような大きな建物があって、そこに立派な

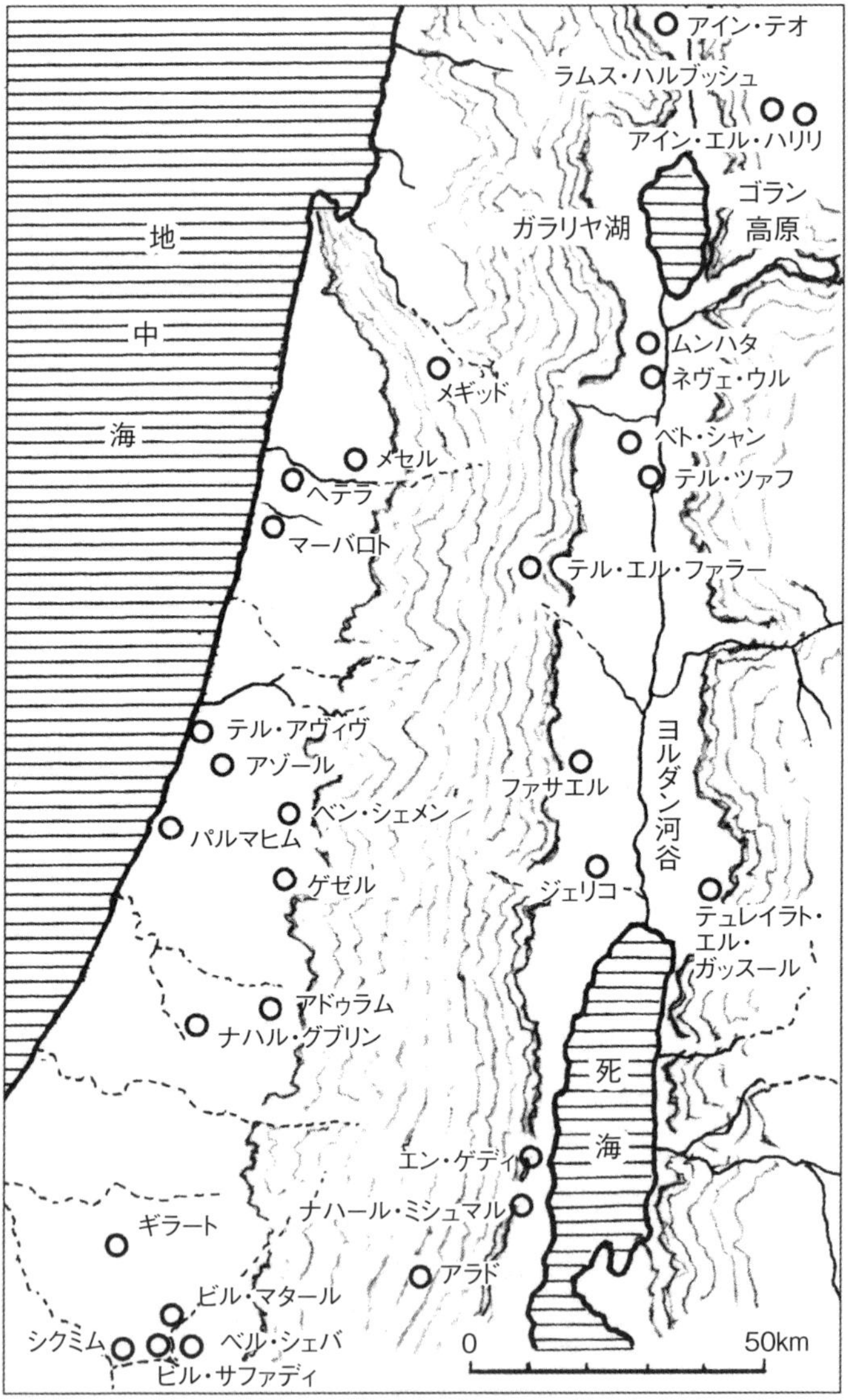

図５　ガッスール時代遺跡分布図
（金関　恕『弥生の習俗と宗教』より）

壁画が描かれていました。これも新しい文化要素です。興味深いことは、この遺跡の墓地で出土する人骨の形質が、この地の従来の新石器時代人の形質といくらか違っているらしいのです。地中海東岸の人々は長頭（上からみて頭が前後に長い）が多いのですが、ガッスールの人は短頭なのです。紀元前四三〇〇年頃といえば、南メソポタミアでは、ウバイド文化期の始まる頃です。この文化は、北メソポタミア、シリア、アナトリアからイラン高原を含む広大な地域に広がりました。人の動きも活発だったと考えられています。メラートは、ガッスールの短頭の人々がイランの方から来たのではないか、という説をだしました。しかし、ガッスールの土器は、新石器時代から連続しています。かつては、長頭、短頭といった頭の形は、人種性を表す特徴で、変わりにくいものだと考えられていましたが、今では、頭の形はそれほど安定したものではなく、人種の入れ替わりに限らず、けっこう変わりやすいものだと理解されています。結論的には、それまで居住していた新石器時代人の子孫が、渡来した比較的少数の人々と新しい文化要素を受容したのであろうということです。

先にお話した北部の沿岸には、のちにフェニキア人の港湾都市として栄えるいくつかの港町が営まれていました。ウガリットの廃墟だとされるラス・シャムラや、ビブロス（ギリシャ語でパピルスの意）と呼ばれたグブラなどが遺跡として知られています。木材の乏しいエジプトは、神殿の建築のためにレバノン山地から伐りだした木材を、これらの町に求めました。見返りの輸出品は、エジプトに豊富な帆綱用のパピルスです。大きな船を造り……その船材はどうしたのかな、と思っていますが（笑）、レバノンの沿岸にやってきます。沿岸の港町はパピルスを入手し、自分たちで消費する以外に、ギリシアにも輸出しました。その積出港だったのでギリシア人はその町を「パピルス（ビブロス）」と名づけました。レバノンの港には、物資とともに各地の情報も集積されます。青銅器時代の初期の間、パレスチナの人々は、この港湾都市を通じてエジプト文化の影響を受けていました。つまり、直接エジプトからではなく、フェニキア地方から間接的に影響を受けた時期がありました。

パレスチナの金石併用時代に農業や牧畜を行っていた人々の遺跡の多くは、ヨルダン河谷の周辺でみつかっています。北はゴラン高原の上でも北寄りの、ラムス・ハルブッシュやアイン・エル・ハルリなどは、どちらかといえば牧畜に重点を置いた村落遺跡です。ガリラヤ湖から流れ下るヨルダン河沿いには、北から、ムンハタ、ネヴェ・ウル、テル・ツァフ、ファサエル、ジェリコ、テュレイラト・エル・ガッスールなどが並んでいます。また、パレスチナ南部に広がっているネゲヴ荒野の北寄りにも群集しています。ネゲヴの村々はベル・シェバの涸河（雨が降ると水が流れる河道）沿いに分布し、シクミム、ビル・サファディ、ビル・マタール、ベル・シェバなどが数えられます。いくらか湿気のある河床で、農業を営む暮らしだったようです。遺跡は他の地域にもあるのでしょうが、地中海沿岸の平野部では後世の土の堆積が厚いために、発見されにくいという事情が考えられます。

パレスチナのこの時代の遺跡でもっともよく知られているのは、死海西岸の山上にある神殿の遺跡です。エン・ゲディ遺跡と呼ばれるパレスチナ最古の神殿建築の遺構です。外郭の壁の石を積んだ基礎部分がよく残っています。その一部にはベンチの付いた門があり、中庭の中央に儀礼のための貯水施設かとみられる円形の石積の壇があります。門と向かい合った外壁沿いに、神殿遺構があります。なかには崇拝の対象だったと思われる聖石柱が置かれ、その左右には儀式の供物を埋めた多くの土坑が並んでいます。興味深いことには門を石で塞いでいます。不思議な状況です。

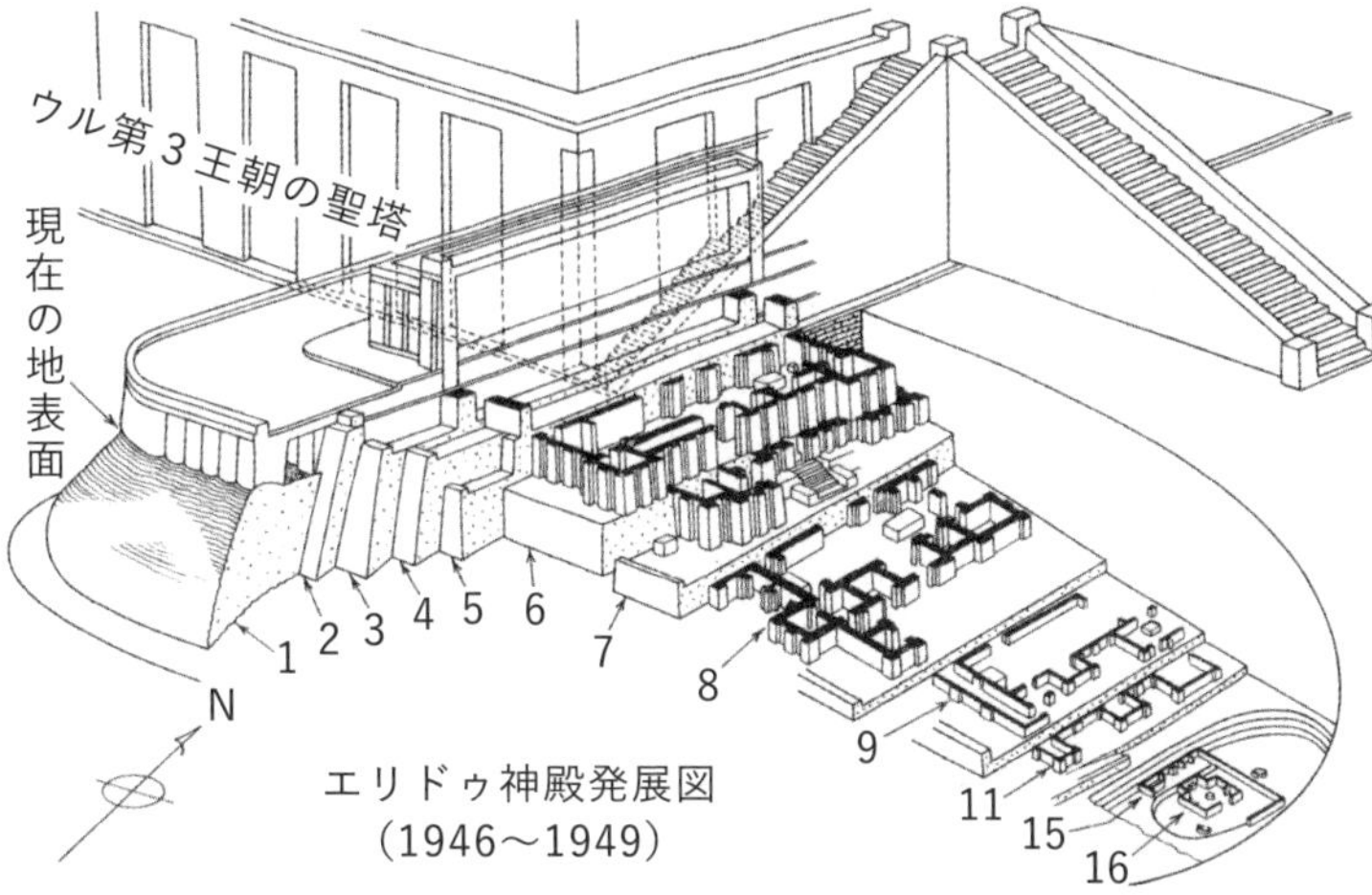

図６　エリドゥの神殿
（三笠宮崇仁編『生活の世界歴史①古代オリエントの生活』より）

神殿は崖の上に孤立していて、近くに集落はみつかっていません。崖の下には「エン・ゲディの泉」と呼ばれる湧水があり、今でも清らかな水が滾々と湧いています。この泉があったために、この地に神殿が築かれたのでしょう。この遺跡が発見された後、エン・ゲディから二・五キロメートルほど南の山中に、ナハール・ミシュマルという、エン・ゲディ神殿と同じ時期の洞窟がみつかりました。なかには、麻で包まれた四三〇余点を数える銅製の装飾つき棍棒をはじめ、ダイズ、コムギなどの食用植物の種や革製品などもありました。大量の祭りの道具は、おそらくこの時代の終わりごろ、何か緊迫した事情があって、エン・ゲディ神殿の宝物を隠匿したのではないかと考えられています。

紀元前四三〇〇年から三三〇〇年までの、この地の金石併用時代の遺跡では、集落のまわりに防御のための壁を設けた形跡もなく、武器類の出土もありません。戦争がなかった時代だと考えられています。また、エン・ゲディ神殿を中心とする宗教連合（アムフィクティオニー）のようなものが形成されていて、北はゴラン高原から南はネゲヴ荒野北部までの地域の人々が、この神殿を尊崇していたのではないでしょうか。各村落から巡礼が訪ねてきた情景などが想像されます。つまり、エン・ゲディを中心とする宗教連合の前身のようなものがいち早く結成されたかも知れないと思います。そして、大きな社会変動が起き、次の青銅器時代に移るとき宗教連合は解体し、エン・ゲディ神殿は閉鎖され、宝物を隠匿するような事態が生じたのでしょう。それにしてもナハール・ミシュマルに隠された夥しい銅製棍棒は、どこで作られたのでしょうか。ネゲヴのベル・シェバ遺跡では、銅の棍棒が住居跡から出土しています。また、銅器製作工房跡もみつかっています。こうした考古学的な証拠によって、この村落で棍棒を作っていたのではないかと考えられています。銅の原産地として近いのは、地中海に浮かぶキプロス島、アナトリア地方、シナイ半島の南部地方（ティムナ）などであります。これらのうち、棍棒の成分として微量の砒素が検出されていますので、銅の原料も、砒素の産地があるアナトリアからもたらされたのではないかという説が出されています。しかし、この時代にはすでにティムナの銅鉱が開発され、アナトリア地方伝来の砒素を混ぜたのだという説も有力です。銅製棍棒を詳しく観察した結果、これらがロスト・ワックス法によって作られたものだと結論づけられました。蝋型技法と呼ばれる方法です。まず木などで原形を作って粘土で外型（雌型）をとり、それに均等な厚さに蝋を流して固め、中空に仕上げる部分には粘土を入れて内型を作り、最後に蝋の部分に溶かした銅（湯）を流し込んで、蝋を溶かし出して銅と置き換える方法です。この技法は、エジプトでも同じ頃に登場しますが、東アジアでは遅く、おそらく紀元前八世紀頃の西周時代になってからだといわれます。

おわりに

話を広げ過ぎて、纏めることが難しくなってきました。もともとは、最近行われた支石墓に関するシンポジウムに触発され、支石墓を築く社会をとりあげて比較してみようと思ったのですが、あちらこちらの路地に迷い込み、脱出できなくなりそうです。佐原さんが在世なら、「このあたりで交代しよう」といって下さるか、歌を唄って励まして下さるのですが（笑）。

巨石文化、とくに支石墓が出現するのは、西でも東でもほぼ同じ頃です。ただしそうとう遅れて受容するところもあります。文化段階的には、新石器時代の終わりから金石併用時代にかけての頃です。ヨーロッパの先生方の見解が正しいとするならば、可耕地の限界を感じた人々が土地所有権の象徴として首長のために築いたものだ、ということになります。朝鮮半島や日本の事例に当てはめて検討したいと思います。その後の墓制の展開が、ヨーロッパと日本ではどう違っているか、その理由は何だろうかという問題も考えてみたいですね。パレスチナとの比較では、金石併用時代の年代の時間差、牧羊民の存否、萌芽的な宗教連合を支える神観念の違いなども検討の対象です。さらに、シリアやパレスチナは、メソポタミア・アッシリアとエジプトの文明交流の回廊であり、多くの民族が通過して行きました。日本列島では、弥生時代以来、中国文明より大きな影響を受けてはいますが、縄文時代に培われた民族文化が蓄積され醗酵し、土着化したものになるのだとも感じます。支石墓シンポジウムの刺激で、世界の中の弥生文化をそれこそとりとめもなく考えてみました。

（三期一二回　二〇〇三年三月）

第四講義

弥生社会と妻木晩田遺跡

金関　恕

妻木晩田遺跡について語る金関氏（2000年２月）

はじめに

皆さん、こんにちは。ただいまご紹介にあずかりました金関です。こちらへ伺って、大変懐かしい思いをしています。私は旧制高等学校時代を、松江で過ごしました。昔から松江に祖父母がいた関係で、昭和三、四年頃からたえず京都と松江を往復していました。そのような事情で、山陰といえば、わが故郷という思いがしています。

また、鳥取大学の医学部は私の父が晩年の二年か三年、教授として解剖学の講義をしていました。じつは先程、その頃の父を知っておられるご婦人が、「父親に似ているかどうか首実検に来ました」と訪ねてこられて、「少し似ている」といってくださいました。あの頃を覚えていてくださる方がまだご活躍だということを大変嬉しく思います。

今日の話の標題は「弥生社会と妻木晩田遺跡」ということですが、妻木晩田についてお詳しい皆様にお話しするのは気がひけます。妻木晩田を横目でみながら、話題を少し外に広げ、弥生社会、古代の都市のお話をして、お許しいただきたいと思います。

一　塗り変えられる弥生時代のイメージ

お手元の資料に、今日触れたいと思っている図（図1〜6）を載せました。みればみるほど妻木晩田遺跡は遺跡の広さに驚かされます。既知の遺跡のなかでは、おそらくいちばん面積の広い遺跡ではないかと思い

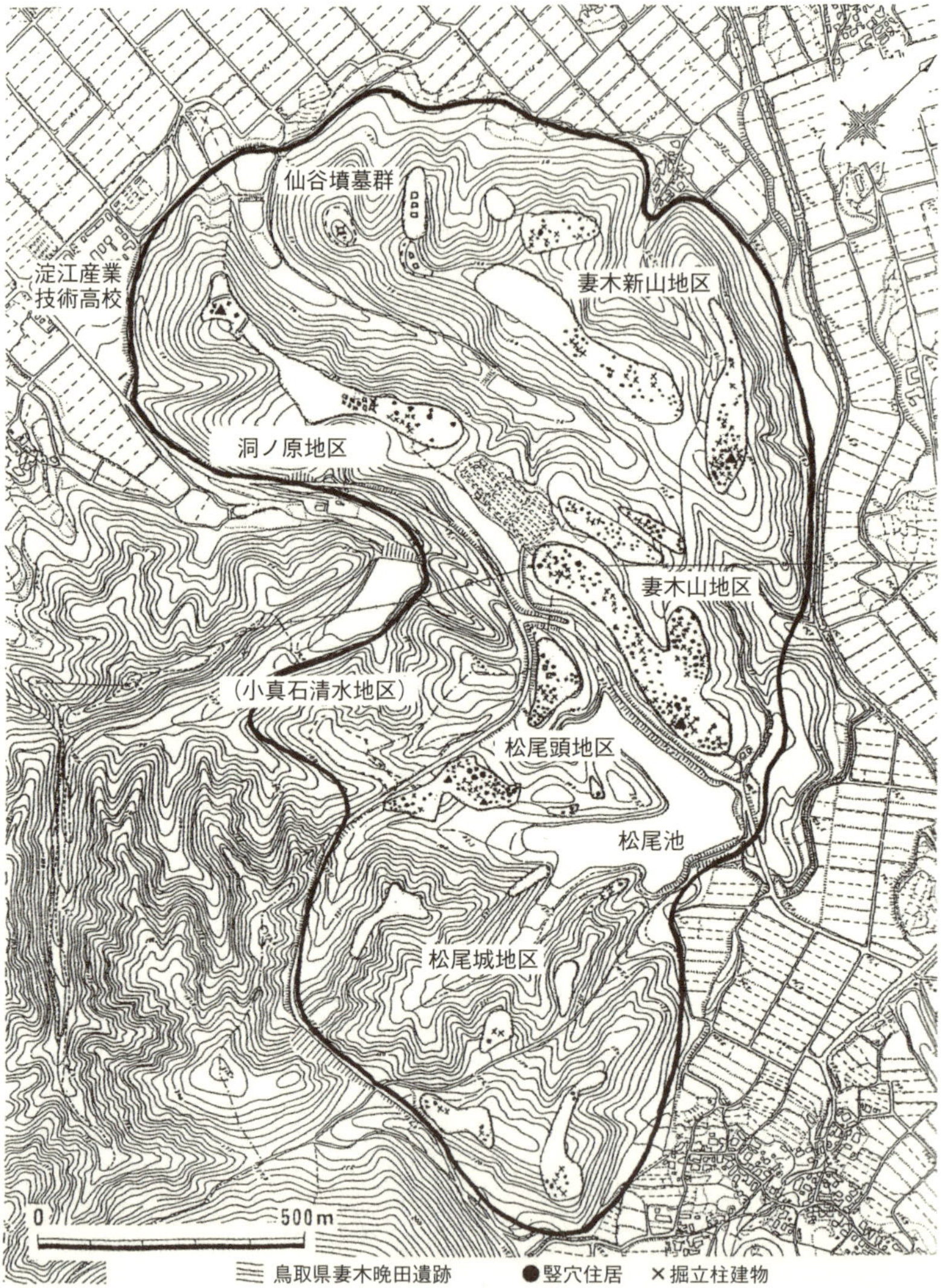

図１　170ヘクタールを誇る妻木晩田遺跡の全体図
（佐古和枝編『海と山の王国―妻木晩田遺跡が問いかけるもの』より）

ます。

昔、弥生の遺跡の代表は、大和盆地の中央にある唐古・鍵遺跡でした。昭和一一年頃、この遺跡がみつかり、大遺跡だといわれていました。戦後に発掘された静岡県の登呂遺跡はさらに規模が大きく、大阪の和泉市にある池上・曽根遺跡（図2～4）が発掘された時、登呂遺跡を上回って、面積にして十数ヘクタールもある日本最大の村だったということで感激しました。その後、九州で大遺跡が登場しました。有名な佐賀県の吉野ケ里遺跡（図5）です。面積は四五ヘクタール余りですから、池上・曽根遺跡の四倍もある遺跡です。弥生時代に国があるとすれば、国のなかの中心の町だったと考えられます。さらに数年後、長崎県の原の辻遺跡（図6）が、最近の調査で約一〇〇ヘクタールあることがわかりました。図の太い線で囲んでいるのは史跡指定の範囲ですが、遺跡の範囲はそれよりも外に広がっています。これは、『魏志』倭人伝に登場する一支国（壱岐国）の中心です。これこそ最大の遺跡だと思われていました。ところが、妻木晩田があらわれました。これが一五六ヘクタールもあるということです。この十数年の間に、弥生時代の大規模な遺跡が次々と私たちに知られるようになり、その都度、私たちが思い描いていた弥生時代の社会のイメージが塗りかえられていきます（図1～6参照）。

私が弥生時代について学び始めた頃、弥生時代とは、日本列島で水田でお米が作られるようになった時代であり、その頃の人々は無知蒙昧で野蛮な生活をしていて、文明の度合いからみても低い段階の社会だったのだろうと考えていました。ところが、今あげたような大きな集落遺跡がみつかってくると、弥生時代は決して未開の時代ではなく、ずいぶん進んだ時代だということに考えが変わってきます。

長い日本の歴史のなかでも、弥生時代は非常に変化の大きな時代です。水田でお米を作る風習が広がり、

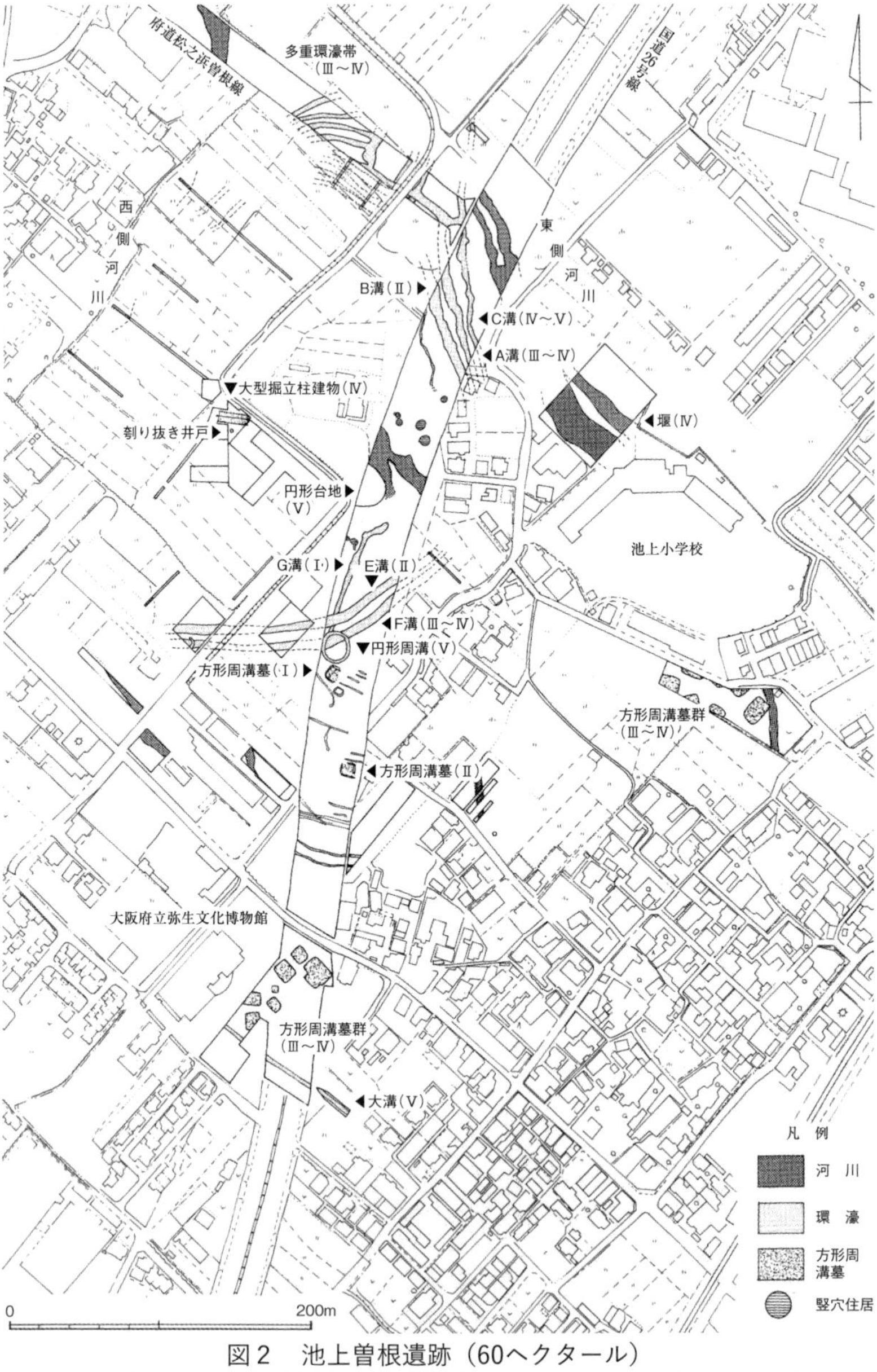

図２　池上曽根遺跡（60ヘクタール）
（大阪府立弥生文化博物館図録『弥生の環濠都市と巨大神殿』より）

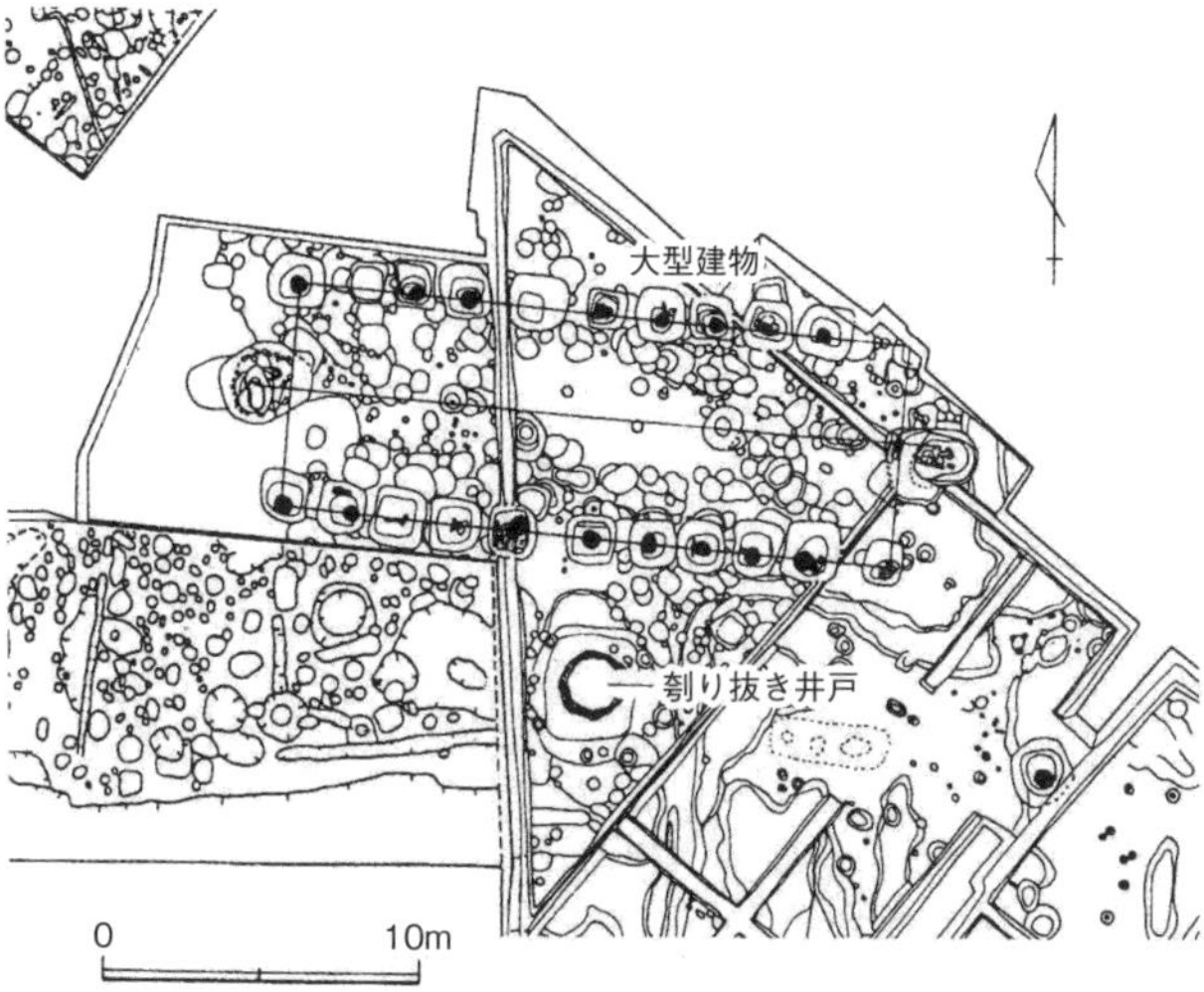

図３　池上曽根遺跡大型建物遺構図

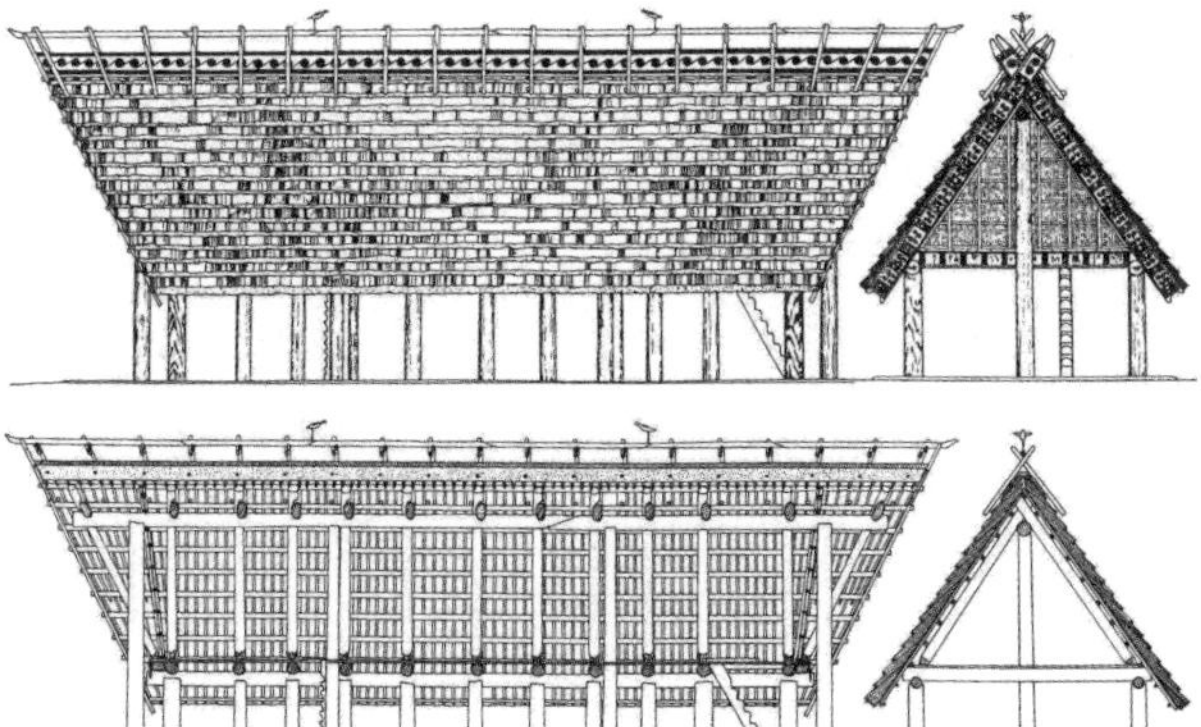

図４　池上曽根遺跡大型建物復元想像図

（図３、４　史跡池上曽根遺跡整備委員会『弥生のまつりと大型建物』より）

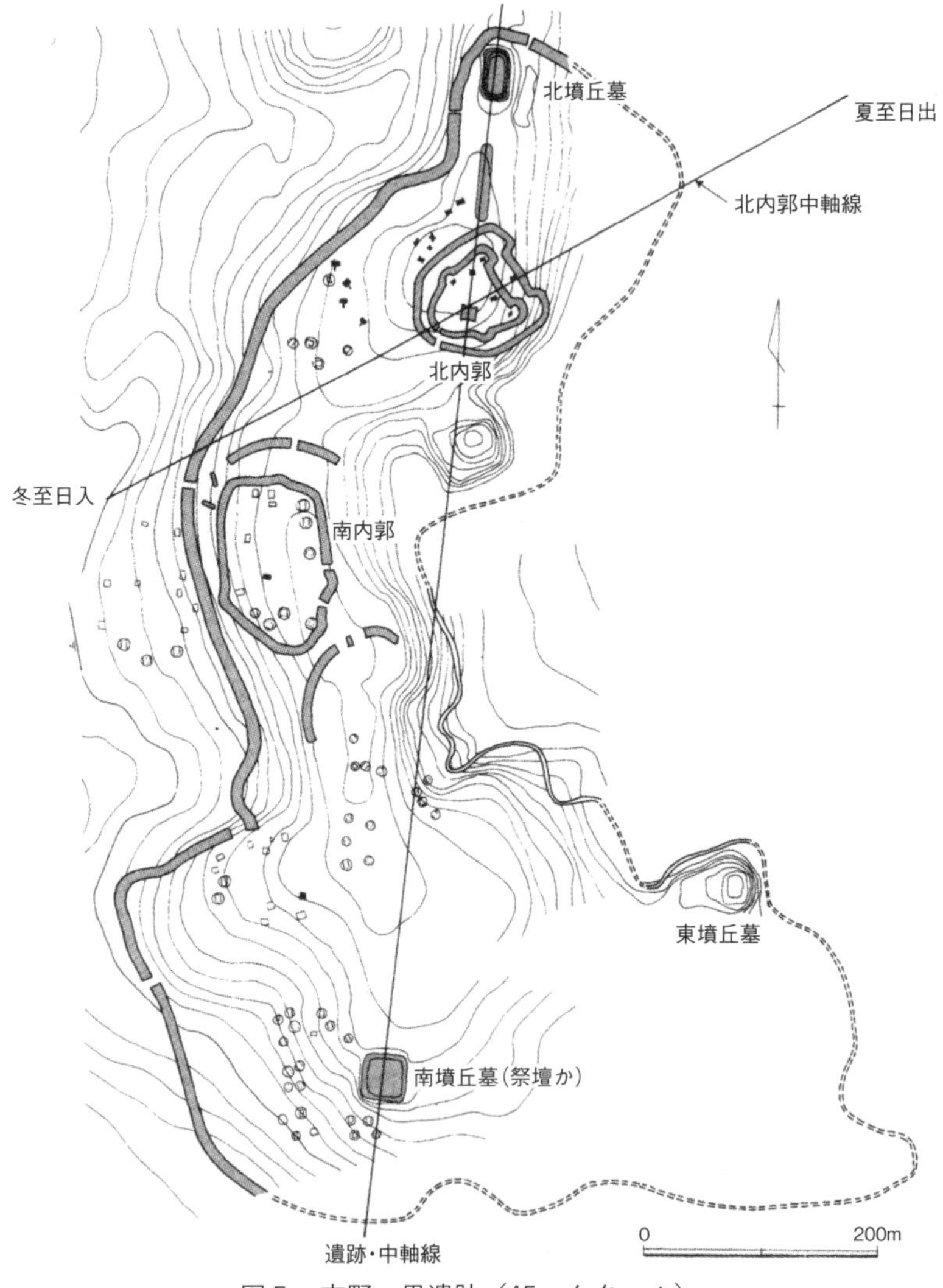

図５　吉野ヶ里遺跡（45ヘクタール）
（金関　恕『弥生の習俗と宗教』より）

図６　原の辻遺跡（100ヘクタール）
（長崎県壱岐市教育委員会『特別史跡原の辻遺跡―第１段階整備事業報告書』より）

お米が主食となりました。石の道具の時代から、青銅や鉄の道具を使うようになりました。石器時代、青銅器時代という言葉をお聞きになったことがあると思います。石器時代とは、石を刃物の材料にした時代、青銅器時代とは、青銅の刃物を使っていた時代です。鉄器時代は、今と同じように鉄の刃物を使っている時代です。短い弥生時代の間に石の刃物から青銅器の刃物、そしてすぐに鉄の刃物を使う時代に変わりました。

弥生時代のもう一つの大きな特色は「われわれ弥生人は東アジアのなかの一員である」という意識が芽生え始めたことです。縄文時代の人々も、海の向こうに大きな国があるのを知っていたかもしれません。けれど、はっきりした意識はなかったでしょう。弥生時代になると、海の向こうの大国である中国の漢帝国とのお付きあいを始めるようになりました。それ以来、日本列島の住民には日本列島の外には大きな大陸が横たわり、高い文化の国があるという意識が連綿と続いていました。

このように考えれば、弥生時代はまさに現在の日本的生活の始まりの時代です。始まりの時代だから、文化の程度が低いと考えられていたのかもしれません。しかし、弥生時代の後半には、漢帝国あるいは魏の国との間に使いが行き来しています。漢字を理解する人たちが、すでに政治権力者の周辺にはいたと考えなければなりません。人々の生活は豊かであり、文化は高かった、と今ではみなおされています。

いま、私は「進んだ文化」だとか、「野蛮な段階」という表現をわざと使いました。しかしこの用語は適切ではありません。一八五九年にイギリスのチャールズ・ダーウィンが『種の起源』を著して、生物の進化を論じて以後、人間の社会にも進化論が適用され、ヨーロッパの周辺にいる素朴で単純な生活をしている人たちの社会は、下等動物に相当するような野蛮・未開の生活であると軽蔑し、それが進化して、いまのヨーロッパ文明のような高度の社会を営むようになったと考えたのです。しかし、そういう文明を満喫した程度の高い人たちが、何をしたのでしょう。文明人は第一次大戦、第二次大戦を引き起こし、発達した武器を使用して世界に大きな惨禍をもたらしました。文明が進歩すればするほど、人間は残酷になるのでしょうか。物質的に単純素朴な暮らしを送っている人々と、心の生活はどちらが高いのでしょうか。私たちは、はたして縄文人よりも道徳的に高い人間なのだろうか。そういうことを反省すれば、社会進化論的な立場はとれなくなります。こうした点からみても、弥生時代の人々は素晴らしい心の生活を保持していたと思われます。

二　弥生時代のはじまり

弥生時代は、紀元前四〇〇年または五〇〇年ごろに始まり、二五〇年頃に次の古墳時代に引き継がれました。およそ六五〇年から七五〇年間続いたことになります。その間に、大きな社会の変化がありました。それはかなり急激な変化で、中国や西アジアでは一〇〇〇年を単位とするような歩みが、この日本列島では、短い期間に成就したと考えられます。弥生時代は、激しい変化の時代であったということです。

弥生時代とは、水稲農業を主な生業とすることに始まり、前方後円墳のような巨大な古墳が築かれることによって終わると定義されます。水稲農業は、どのようにして伝わってきたものでしょうか。日本海に面した狭い海岸平野にある山口県の土井ケ浜遺跡では、弥生前期末から中期にかけてのお墓がみつかり、人骨がよく残っていました。その骨を調べた結果、それまでの縄文人とは体つきに違いのあることが結論されました。縄文人がお米を食べることによって体つきが変わったのだという説明では、納得できないような変化です。やはり、日本列島の外から人々がやって来たのだと考えなければなりません。こうした人々を渡来人と呼びましょう。渡来人と縄文人が結ばれた結果誕生した混血の第一世代も、渡来人の体つきの特色を残しています。その子孫も同様です。そういう人たちは、渡来系の人と呼ばれています。土井ケ浜遺跡でみつかったのは、まさに渡来系の人々の骨です。その後に発掘された奈良県唐古・鍵遺跡の弥生中期の人骨も、同じく奈良県の長寺遺跡の井戸に投げ込まれていた中期の人骨も、渡来系の特色を示しています。さらに、昨年（一九九九年）三月の発表によれば、宮城県里浜貝塚で発掘された四体の人骨も渡来系です。私たちは早合点して、渡来人が水稲文化をもたらし、人口が増大して急速に広がったのだと考えました。

ところが、よく知られていますように、土井ヶ浜遺跡の時期、つまり弥生前期の時期よりも古い段階で水稲耕作が行われていた証跡が続々とみいだされてきました。従来、縄文晩期とされていた時期です。水稲が作られている以上は、これは弥生時代に属するという考え方、その時期の土器は縄文系だから縄文晩期の水稲耕作とするべきだという考え方が対立している現状です。この時期の人骨の資料もわかってきました。福岡県新町遺跡、佐賀県大友遺跡の例などです。これらの人骨は縄文系の形質です。また今年（二〇〇〇年）の二月に発表された、弥生前期の兵庫県新方遺跡出土の人骨も縄文系です。まだわずかな例ですが、単純に帰納すれば、次のように纏められると思います。最初に水稲農業を受け入れたのは、縄文系の人々であった。近畿地方に水稲文化が伝来した当初も、それぞれの地に住んでいた縄文系の人々が水田で米作りを始めた。この文化が定着してから相当数の渡来人が現れ、その子孫たちは東北地方にまでひろがった。

北部九州と壱岐、対馬、朝鮮半島南部は、縄文時代からすでに自由な行き来があり、北部九州の海辺に住んでいる漁民たちは、海の彼方の壱岐、対馬を通じて朝鮮半島の南海岸の人々とも頻繁な情報の交換を行っていたと考えられます。朝鮮半島南部の人々が、中国大陸伝来の水稲農業文化を受容したとき、北部九州の縄文人はいち早く自分たちの小さな海岸平野に水田を作ったのでしょう。

また、その情報は逆に朝鮮半島にも伝わり、海の彼方の九州ではお米を作る自分たちと同じような生活が展開しているという事情が知られます。何かのきっかけで、例えば政治的な事件や環境の変化などがきっかけとなって、弥生前期の時期に相当数の人々が北部九州に渡来してきたのでしょう。

多少とも似た例は、ヨーロッパ人の北米への移住です。最初はごく少数の清教徒たちがメイフラワー号でやってきました。彼らは在地の原住民たちの協力をえて畑を作り、小さなコロニーを開きました。そういう情報がヨーロッパに伝わり、新大陸で暮らせることがわかると、大量の移民が訪れます。例えば、アイルランドでジャガイモの根腐れ病が流行し、人々が飢えに苦しんだ時、アイリッシュがどっとアメリカ大陸に渡ってきました。また帝政ロシアでユダヤ人が迫害された時、多くのユダヤ人が大陸に新天地を求めてきました。つまり、あの地に住めるという情報が伝わって、人々が大規模に動き出したと思われます。同様な動きが、弥生時代にもあったのではないでしょうか。

三　妻木晩田遺跡の時代

大勢の人が渡来してきた弥生時代の前期の段階には、それまでの縄文文化にはなかったような習俗が入ってきたと考えられます。その頃の弥生社会は、新しい習俗が伝わって大陸風の暮らしが展開しました。それまでは、縄文人と同じように小さな集落を作り、自立的な経済生活を営んでいたでしょうが、多くの渡来人を迎えた段階で、小経済圏は統合されました。いくつかの集落が連合して、小さな国のようなものを作ったと想像されます。国には、多少とも政治組織のようなものが生まれてきたでしょう。そして、その国の中心となった集落も形成されます。

弥生時代の後半は、国と国の競争が激しくなり、戦乱の時代を迎えました。その戦乱の時代が最後にまとまって、倭人の国を代表し中国との交渉ができるような、政治的にまとまった大きな国が誕生しました。これが、弥生時代のおしまいの頃、卑弥呼の時代にあたるのだと思われます。

集落のあり方をみれば、弥生時代でも初期の古い時代の村は、割合小さな規模でした。それが、弥生時代の中頃から後半にかけて大きくなってきました。奈良県田原本町の唐古・鍵遺跡や吉野ケ里遺跡なども、古い時期に小さな村から始まりましたが、大きくなったのは弥生時代の中頃です。壱岐もそうです。ところが、この妻木晩田については、古い時代の様相がまだはっきりわかりません。おそらく後期になって、急に拓かれたのではないかといわれています。

妻木晩田遺跡でもう一つ疑問に思っているのは、はたしてこれが一つの集落であったか、それとも丘の上にばらばらに営まれた逃げ込み村のようなものであるのか、ということです。私たちが勝手に線をひいて、これは一つの大きな集落だと思い込んでいるのかも知れません。このような疑問がありましたが、発掘調査の結果、たとえば松尾頭地区では廂の付いた大きな建物跡があったり、洞ノ原地区では墺があり、ご先祖以来のお墓が大切に守られている証跡も上がりました。そのように丘の尾根が使い分けられていて、ばらばらに入り込んだ人々が丘の上を独立的に使っているのではなく、全体が有機的なまとまりをもった集落であると考えなければならないことがわかってきました。しかも、それは弥生時代の後期です。いったい弥生後期とはどんな時代でしょうか。

最近、島根県田和山遺跡に行って来ました。立派な遺跡です。宍道湖の南の独立した丘陵に、何重にも壕がめぐらされて、厳重な防備が施されています。敵の侵入に備えた投石、ツブテがたくさん用意されています。しかし、厳重に防御しても、多勢の人が壕の内部に逃げ込めるかといえば、そんな広い面積ではありません。いくつかの理由から、田和山は聖地であろう、人々の宗教的なシンボルがあの山にこもっていて、それを守ろうという意識があったのではないかと思います。

ところが、弥生後期が始まる頃、田和山は廃棄されてしまいます。その時期は、加茂岩倉遺跡や荒神谷遺跡にたくさんの銅鐸や銅剣などがいっせいに埋められた時期でもあり、その時期を境にして何かこの山陰の弥生社会は急激に変わっていったような気がします。その後に出てくるのが、妻木晩田遺跡ですね。妻木晩田にも、山にこもって構えるという防御の意味が強いことがよくうかがえます。岡山県の用木山遺跡も、規模は小さいけれど同じように防御的な集落です。用木山遺跡では、急な傾斜面にテラスを作って人が住んでいます。はじめは、田和山遺跡には住居がないといわれましたが、麓の斜面を調査すると、やはりテラスを作って住居が営まれていたことがわかりました。下に住居があって、上に山があるという構造です。

この妻木晩田遺跡も、ゴルフ場開発に先駆けて丘頂だけが調査されましたが、この傾斜面を掘ってみれば、あるいはテラスがあり住居跡がみつかるかも知れません。あるいは、丘の麓はどうでしょうか。これだけ大きな住み分けの施設があれば、妻木晩田の斜面の下の方に、何か全体を護る防御施設のようなものがあるかも知れません。

四　古代ローマと妻木晩田遺跡

七つの丘がそれぞれ政治的・宗教的・住居的に使い分けられているという点で、外に類似を求めれば古代ローマです。面積は妻木晩田遺跡のおそらく三倍以上はあります。ローマ人がやってきて、テヴェレ河のほとりにある七つの丘（図7）を占拠し、ここに彼らの町を作りました。それぞれの丘頂は狭いので、例えばパラティーノの丘には王宮を造り、カピトリーノには守護神のユピテル神殿を、アヴェンティーノには後の時代まで住居が集中しました。このように七つの丘にばらばらに住みつくのではなく、ある計画で使い分けています。妻木晩田に似ていないでしょうか。七つの丘の周囲をめぐる城壁を築いたのは、彼らが住みついてから二〇〇年余り後の紀元前六世紀になってからです。

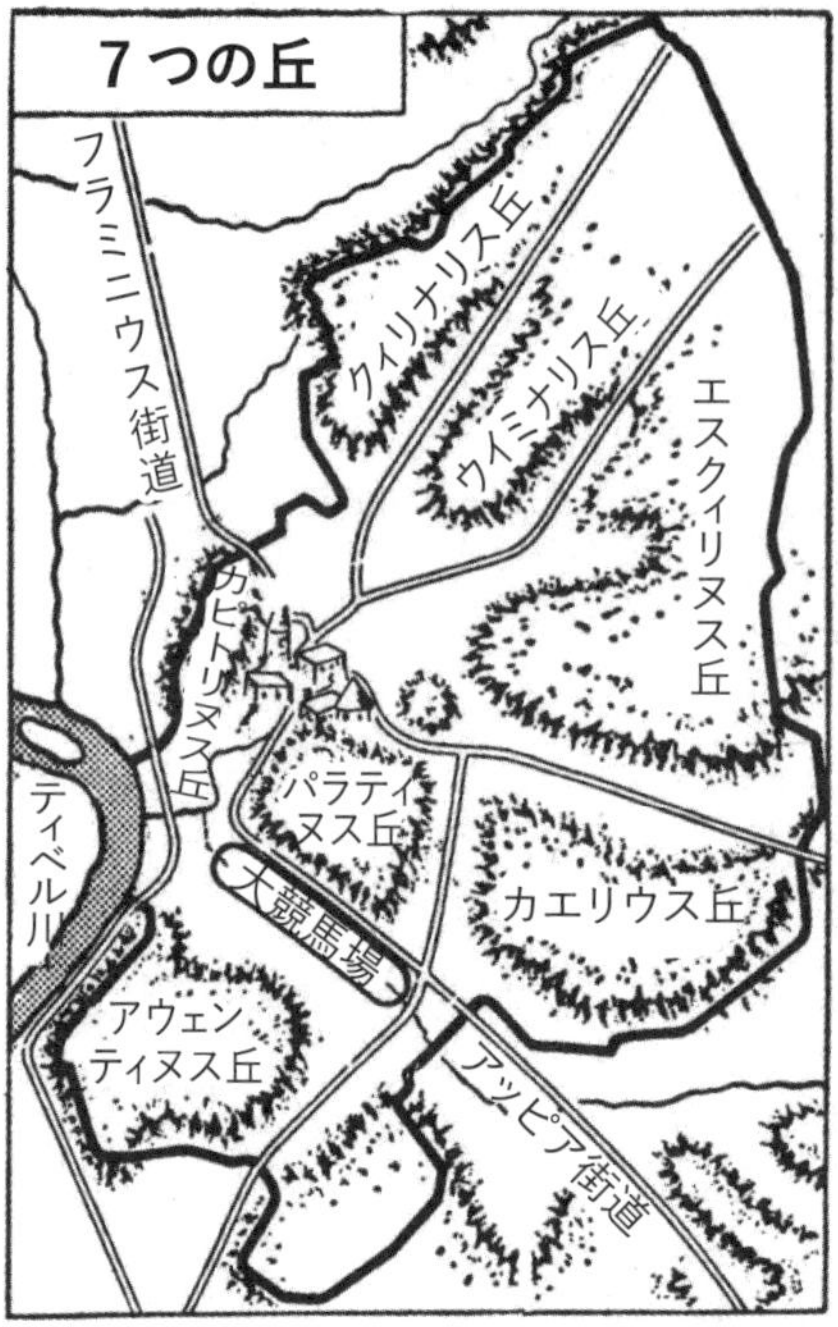

図7　古代ローマ
（弓削　達『世界の歴史⑤ローマ帝国とキリスト教』より）

ローマは今日まで、紀元前八〇〇年の昔から二八〇〇年間の歴史をもってイタリアの首都として営まれておりますが、妻木晩田は残念ながら弥生時代の終わりごろに姿を消してしまいました。これは妻木晩田だけではなく、先程あげた弥生時代の大きな集落は皆、消滅の方向に向かって行きました。一体どうして妻木晩田を含めて弥生時代の集落が姿を消していかなければならなかったのでしょうか。後で考えてみましょう。

五　「都市」とは何か

最近、考古学では、弥生時代の大集落は都市だろうか村だろうか、どう呼べばよいのだろうか議論されています。私たちが、都市であるかないかという場合に、都市とは何であるかということも考えなければなりません。明治時代に、都市という用語とともに、やや古い言い方で都会という言葉もありました。私は、この都会とか都市という用語は、シティやアーバンの翻訳語としてあてられたのではないかと思っています。その語の元は何でしょうか。白川静先生のお説では、「都」のもともとの意味は、村の周囲を護るために堤を積み、呪符を埋めたというのが「都」であるという、使い始めから説明があります。もっとも古い資料は、紀元前八世紀のころの楽器の鐘の銘文に使われています。周の時代です。この場合、都はあきらかに国の中心地を意味しています。それ以前の殷・周のころは、集落を「邑」と呼んでいました。国の政治の中心地は「大邑」です。今でいえば、首府とか都にあたります。「大邑」のなかでも、ご先祖様をお祭りする廟（宗廟）の置かれた邑を「都」と呼んでいたようです。紀元前五世紀ごろになりますと、「都」「鄙」という言葉も使い分けられています。「都」に住んでいる人達は、私たちは都会人であるという誇りがあったかも知れないし、「鄙」の人々は国を支える農村の人間であるという意識も出てきたでしょう。

山尾幸久先生はそれ以後の文献を調べられました。漢代に「都市」といえば市のことだそうです。市の賑わい、バザールです。ただ、物の売り買いだけではなく罪人が引き出されて刑罰を受けたり、学問の議論をしたり、政治の布告が広められることもある賑やかな所でした。わたしたちの使っている「都市」にあたる用語といえば「都会」です。ですから、明治時代にシティを訳す時に、漢の「都会」という語をあてたのでしょう。

日本側で「都市」という言葉が最初に出てくるのは、『魏志』倭人伝で卑弥呼の使いとして魏に派遣された都市牛利《つしごり》という人物の名前です。この都市は市の監督官を指す役職名であろうとされています。弥生時代の終わり頃には都市あるいは市というものがあり、日本でも中国風に名づけていたのかも知れません。

六　世界における「古代都市」の誕生

ヨーロッパでは古くから、都市の営みはいつ始まったかという議論がありました。世界最古の都市とされるのは、メソポタミアにシュメール人がくる前の、ウバイド時代のエリドゥです。広さは、妻木晩田よりちょっと広いくらいです。丘の上に城壁を囲んで、中心に神殿があります。メソポタミアでは、都市誕生より前の新石器時代の終わり頃、川辺に沿ってほぼ四キロおきに農業集落がありました。そのうちに、こうした集落の中の一つが大きくなっていきました。その中心にすばらしい神殿が建てられます。神殿は各村にそれぞれあったでしょうが、大きな神殿を持った村に人々が集まり、一つの宗教的なまとまりになりました。メソポタミアは、もともと泥と葦しかない所ですけれども、自分たちの神殿を立派にするために、石や木材も必要だということで、川を利用してあちらこちらから必要な物を集めてきました。そのために、専門の建築家、物を集めてくる商人や開発する人、運搬する人など職業的に分化していきます。神殿のある村は町となり、規模が拡大します。町の中身は昔の村のままですから、道は計画的に配置されたものではありません。私たちが都市というと、都市計画があって、碁盤の目のような町並みになると思いがちですが、けっして一般的ではありません。

もう一つの古代文明圏といえば、ずっと南のエジプトです。昔、マックス・ウェーバーはエジプトを「都市なき文明」と呼びましたが、最近エジプトの上流でも下流でも、いくつかの都市遺跡が発見されました。上流ではヒエラコンポリスで、新石器時代の直後の大きな都市遺跡がみつかりました。ヒエラコンポリスでは、やや歪《いびつ》なプランの四角い城壁がめぐらされていますが、城壁に並行して道をつけているという点で、都市計画が整った都市のようにみえます。都市といっても、メソポタミア型の都市とエジプト型の都市は違うわけです。ギリシャでも、本国の町は街路が錯雑していますけれども、植民地に新しい町を作る場合には、小アジアのミレトスなどは、きちっと方形の地割をしています。都市計画がなければ都市でないという断定は、間違いだと思います。

エジプトとメソポタミアの中間にあるのがパレスチナです。北東はメソポタミアから、南西はエジプトから強い影響を受けました。この地域でおもしろいのは、都市以前の人々がどういう風にまとまりを作っていたかという問題です。パレスチナの西の地中海の海岸は、南北になだらかな線を描いています。海岸砂丘の背後には平野が広がり、平野の東は中央山脈が連なっています。最高所は標高一〇〇〇メートル内外です。山脈の東は、低い谷が南北に続いています。北の方のガリラヤ湖のあたりでは、地中海の海面より二〇〇メートルあまりも低く、ヨルダン川が南流し、南の方ではマイナス四〇〇メートルの死海になっています。地球の陸地でいちばん低い所です。

さて、このあたりの金属器時代は、紀元前四三〇〇年頃に始まりました。その頃の遺跡として有名なのはテュレイラト・エル・ガッスールです。西のアンマンからヨルダンの谷に下りるところに市を占めています。この大きな集落が栄えた時代は、石の刃物と金属器が併用されていたので、金石併用時代と呼ばれています。あるいは遺跡名からガッスール文化期の名も使われています。一方、北のガリラヤ湖東岸に広がるゴラン高原でも、同じ時代の集落の跡が発掘されました。乾燥した高原では、丈の低い草を飼料にして家畜を飼い、牧畜型の村を作りました。さらに、南西はるかに隔たったネゲヴの荒地でも、集落遺跡が発見されています。この辺は一、二年に一度、大雨が降り洪水が起こります。その流路は、普段は乾いていますが少し水気があるので、ネゲヴの人々は川の底を使って穀物や野菜を栽培する農業を行いました。

この三つの地域の文化は、同時代でもそれぞれ特色があります。テュレイラト・エル・ガッスールの集落は広場を中心に家屋が並ぶような構成です。生活に余裕があったのか、家々の壁に幾何学文様などを主な意匠にした、立派な壁画を描いています。ゴラン高原の方は、家が一軒ずつ線状に繋がり、その線が並行に布置されていて、あたかも連ねた管玉列を二列に並べたような構えの村です。南のネゲヴで発見されて、非常に暑いためか、地下に住居を作りました。この集落の一部では銅器を作り始めています。後述するような銅の棍棒も出土しています。自然条件に応じて、村の営み方が違うわけです。しかし、これらの三つの地域は文化的な交渉があったようです。

この時代のユニークな遺跡として、死海西岸の山上にエン・ゲディという神殿の廃墟が広く知られています。その神殿のすぐ近くには、太古の昔から今に至るまで、清冽な水が滾々と湧き出る泉があります。神殿の地がここに選ばれたのも、この泉が理由だったのでしょう。ところが、神殿周辺には住居の跡はまったくみられません。たぶん数人の神官はいたでしょうが、神殿を中心にした町はないのです。この神殿は先に述べた三つの、文化の違った集落から共同で祭られていたようです。人々は遠くから巡礼にやってきて、お供物を奉げ儀式を行いました。神殿を中心にした宗教的なまとまりが窺われます。都会は神殿を中心として人々が住み着き発展したといわれますが、常にそうであるとはかぎりません。

もう一つ興味深いことは、エン・ゲディから二・五キロほど南に隔たったユダの山中でナハール・ミシュマルという洞窟がみつかり、この洞窟におびただしい数量の金石併用時代の遺物が隠匿されていたことです。数多くの棍棒、冠などの四三六点もの銅製品が蓆に包まれ、土器、石器、石製容器、象牙製品、貝の垂飾りなどがあり、乾燥した条件に恵まれて、宝物を包んでいた蓆、木製品、皮革製品、食用の植物の種子などもよく残っていました。これらは、エン・ゲディ神殿の入り口に石を積んで閉鎖した際、集まっていたお供物を運んで隠匿したものだと考えられています。

エン・ゲディ神殿の時代の終わりにあたって、ナハール・ミシュマルの洞窟に神殿の宝物を隠してしまった現象は、弥生時代でもある時代が終わったときに、たとえば田和山かどこかに集積されていた銅鐸のような宝物を、加茂岩倉に埋納、隠匿したような現象と類似しているのでしょうか。

パレスチナの金石併用時代で不思議なことは、集落の周囲に防御施設がまったくなく、出土遺物に武器がまったくないことです。戦争なき時代であったとされていますが、その時代の神様は、宝物を隠してどこかに消えてしまったというわけです。なにかのきっかけでこのような宗教共同体が分裂してしまったのでしょう。

メソポタミアとパレスチナ、エジプトは、西アジアの文明圏に属し、いくつかの文化要素を共有しながらも、考古学的に探れば、それぞれみんな文化的な内容が違っているわけです。各地域の自然的・歴史的な環境に応じて、人間は非常に多様な文化を作ってきたと思わざるをえません。

弥生時代を考える場合にも、これまでのヨーロッパ的な都市の概念にあてはめて、都市の段階であるとか、都市以前であると議論するのはナンセンスですね。弥生時代は弥生時代のこういう実態があったということからまず始めなければならないと思います。人間は非常に多様なものを作るものであり、それを少ない事例から簡単に帰納して、あるいは既製の学説で全部割り切ってしまうことのばかばかしさを感じています。

七 「都市」の条件

次に、考古学的にみて都市とはどういうものであるか、考えてみましょう。今まで都市といえば、現在営まれている都市から要素を抽出して考えていました。たとえば、社会、政治、経済、文化、ときには宗教の活動の中心に人口が集中したものだ、という定義です。もう少しスマートには、情報、物流の結節点に集まった巨大な人口の集積体であるという定義も出されています。考古学者の定義はどうでしょうか。

エジプトの考古学者のビータクは、都市という用語ではなく、英語の町という言葉を使っています。町は人口が集中していなければならない。宗教、行政、産業への中心地であり、一応の都市計画がみられる。住民の間に王、貴族、市民、奴隷などの階層が形成されている。町は、その地域の中心的な役割を果たしている。すなわち行政、商業、司法、交通などの中心である。町の住民の大部分は、農業従事者ではない。あるいは農業従事者の数が少ない。さらに、町には手工業とか工業、商品経済活動を示す商店や倉庫が集中している。最後に非常に重要なのは、町はその外に住む周辺住人の避難所の役割を果たす。敵に攻撃された時に、人々が城壁の中に逃げ込んで、ここで守ってもらう。こういう機能があるのが典型的な都市であり、エジプトのナイル上流のエレファンテン、エドフ、ヒエラコンポリスなどがその古い例にあげられています。古代エジプトでは、ピラミッドや王のための立派な神殿を造ったりするために、たくさんの労働者が集められて、労働者のための町が建設されます。その町もやはり同じような役割を果たしているということも分析しております。

今の諸例は、弥生時代の遺跡にあてはめられるでしょうか。村の中に住んでいる人々が奴隷か一般の人か、それとも王であるかという区別は、考古学的には難しい。ある特定の地点に素晴らしい品物が集まっていて、大型の建物跡があれば推定できるかもしれませんが、日本の弥生時代には、なかなかそういう遺構はみつかりません。ただ鍬の先で掘り出して、ビータクのいうような定義をまっとうすることはできません。

私は、しばしばイスラエルの発掘調査に参加します。イスラエルの考古学者は都市についてどう考えているか問いかける機会があります。答えは、ある程度の広さがあり、人口の集中、すなわち密集した住居、防御施設、王宮、神殿、公共建物、工房、市のような施設が考古学的にみつかることだといいます。妻木晩田遺跡や吉野ケ里遺跡の例で考えてみましょう。妻木晩田遺跡のように面積が一五六ヘクタールもある遺跡はパレスチナには稀です。最大のハツォールという古代都市は、旧約聖書やエジプトの呪咀文書にも登場する由緒ある町ですが、面積は八〇ヘクタール内外です。だから、吉野ヶ里遺跡でも、パレスチナの古代都市と比べれば、広さの点では立派なものです。

吉野ヶ里遺跡では、多くの住居跡がみつかっています。残念ながら人口密度はわかりません。鋭く掘り込まれた壕と、柵を備えた塁壁《るいへき》（想定）、逆茂木《さかもぎ》などの施設は、立派に防御の役割を果たしています。外壕の中にもう一つ壕があり、南内郭と呼んでいます。南内郭内の建物がとくに立派だと証明されたわけではありませんけれども、特別な人が住んでいた一郭であったらしいということです。北端に、紀元前二世紀頃の大きな墳丘墓があります。墳丘墓の被葬者たちは特別な人らしい。この墓は、墓としての役割を果たした後も、傍らに埋められた祭祀用の土器が示すように、三〇〇年間あまり村人によって拝み続けられていました。集落の外からこのお墓を拝むためにやってくる人々のために、道も作られています。最初は墓として築かれたとしても、これは地域の人を宗教的に統合する役割を果たしている点で、神殿の役割を果たしているといってよいでしょう。壕の外側には数多くの高床の倉庫が集中しています。一九九九年度の発掘調査でも、さらに多くの倉庫がみつかり、倉庫間の空き地は「市」の跡だと推定されています。これらの施設はさらに外回りの壕によって護られています。倉庫群は個人の所有物ではなく、村全体の共同の所有物だったのでしょう。南西の一角には、青銅器の工房が営まれていたようです。これらの要素を数え上げれば、都市または町として不可欠な施設は、ほとんど備えているのではないだろうかと思われます。

しかし、日本史の先生によると、日本で都市といえば藤原京から後が都市で、それ以前に都市はないことになっているから都市ではないといわれます。日本史の先生方は、そこに住んでいる人々が地方の農業共同体との結びつきがあるのかないのかなど、もっと緻密に分析されて言っておられるのです。

私が気にかかるのは人口密度です。最近高知県の田村遺跡で、八〇〇棟あまりの住居跡がみつかったと報道されました。仮に一棟に五人住んでいるとすれば、人口は四〇〇〇人内外でしょう。村というより町とした方がよい。ただ、それらが一度に営まれていたのではなく、何年かの時間幅の間に八〇〇何棟が営まれたかということです。吉野ヶ里だって、これだけ防御施設をめぐらしていますけれど、中にぎっしり人が住んでいたかどうか、妻木晩田にしてもこの中にびっしり住んでいたかどうか、わかりません。これからの斜面の調査を期待しましょう。

八　「都市」を支える相互扶助精神

妻木晩田遺跡などいくつかの後期の大集落を別にして、弥生中頃に形成され始めた都市的な外形を保つ大集落は、後期の間になぜ解体していったのでしょうか。私は年を取ったせいか、このごろ次に述べるような別の考えが芽生えてきました。古代都市のハードにあたる諸施設は、神殿、王宮、公共施設、密集した住宅、工房、市、それらを取り巻く防御施設などは、掘り出してもわかるものであり、従来はそれに頼って都市的な様相を判定していましたが、それだけではなく、都市を維持する機能として、重要なソフトがあることを感じています。そのソフトがなければ、一時的には人が集まって都市的な営みをするかもしれないけれども、永続はしないだろうと考えられるからです。

考えのきっかけは、ギリシャの哲学者のプラトンです。プラトンの『プラタゴラス』によく知られた興味深い話があります。ギリシャ神話では、昔、神々だけの時代がありました。そのうちに神々は、土、火その他の材料を捏ね合わせ火をつかい、人間を含むさまざまな動物を作りました。神々はプロメテウスとエピメテウスに命じて、これらが地上で生きていけるように、いろいろな能力を分かち与えさせました。ところが、エピメテウスの浅慮のせいで、人に与えるべき能力は残されていません。そこでプロメテウスは、ヘパイストスの鍛治場から火を、アテナから技術を盗んで人に与えました。人は火を使い、技術を駆使して生活ができるようになりましたが、ばらばらにしか住めない。集まって暮らしてもすぐに散っていく。ゼウスはこれを憐れみ、ヘルメスを使いに出して人々にアイドース(慎み)とディケー(礼儀)の二つの徳を与えました。これによって人間はポリスを営めるようになったというお話です。ここには、都市の営みには、ハードだけでは不可能であり、ソフトが必要なことが説かれています。

それでは、連綿と都市が存続した古代中国や古代メソポタミアに、そのようなソフトの片鱗を伝えるようなものが窺われるでしょうか。ここで想い出されるのは中国の饕餮《とうてつ》の物語です。中国の殷・周の青銅器には、しばしば大きな怖い目をした怪物が表されています。じつは、向き合っている一対の鳳や竜がマスクの効果をあげた文様ですが、これをマスクとみて、宋の時代の考古学者がこの名を与えました。名称の由来は、紀元前三世紀に秦の宰相呂不韋が作らせた『呂氏春秋時代』にある怪物の名からとられたものかも知れません。より古いものに『春秋左氏伝』があります。その文公一八年の条に、昔、舜が四つの凶族を流刑に処したことが述べられていますが、凶族の一つが饕餮です。饕餮は飲食・財貨に貪欲極みなく孤児や寡婦や貧窮者には目もくれなかったので辺境に追放された、と語られています。ここには、孤児、寡婦は社会的弱者であり、助けなければいけない対象であるとされているわけです。同様の考え方は、古代メソポタミアにもあります。紀元前二三五〇年ごろのウルカギナ王の碑文に、「寡婦と孤児を助けなければならない」という道徳的な法令が刻まれています。前二一〇〇年頃のウルナムという王の碑文や、有名なハンムラピ法典(前一七六〇年ごろ)にも同じことが記され、旧約聖書にもイスラムのコーランにも、寡婦、孤児のような社会的な弱者に援助の手を差し伸べるべきことが述べられています。

西アジアでも、古代メソポタミアから伝わっている道徳観であり、中国でも同様だと思います。小さな村落のように、村人が何かの血縁で結ばれている、つまり村の成員が親戚であり知り合い関係で構成されている社会であれば、ある家族が非常に困窮していれば援助の手が差し伸べられるでしょう。ところが、血縁関係のない各家族が、経済的、政治的な事情で集住するとすれば、互いの相互扶助の精神がなければ、社会は崩壊していくだろうと考えられます。その相互扶助の精神が、プラトンの「プラタゴラス」に語られている神話ではないでしょうか。

いかに都市的なハードが整えられていっても、集住した人々の間に相互扶助精神のようなソフトがなければ、その形式は存続しない。日本の弥生中期に都市的なものが成長しかけても、瓦解の運命にある。その瓦解は、軍事的な要素や自然的な要素もあるでしょう。しかし、人がいったん都市的集住の果実を味わった場合、外的な要素だけでその果実を放棄するものではないと思います。弥生時代に伝来した、あるいは創造された多くの文化的な要素の中には、このようなソフトの実現が欠けていたのでしょう。それが本格的都市構成への歩みを阻害したのではないでしょうか。妻木晩田を際立った例とする弥生後期の大型集落は、地域の軍事的な緊張が、防御によって結束した集住を固定していたと思われます。この緊張が解けた時に、集住形式は放棄されたのではないでしょうか。

長々と、とりとめもないお話しを続けました。ご清聴を感謝いたします。

（一期五回　二〇〇〇年二月）

第五講義

遺跡、博物館はなぜ大切か

金関 恕

金関氏の講演姿（2008年２月）

一　大阪府立弥生文化博物館の危機

皆さん、こんにちは。いつもこちらの塾へ参上して「塾長」と紹介される時に、「え、私は塾長であったか」というぐらい、ご無沙汰しております。

まず最初に、皆さま方もいろいろと関心をもっていただいたかもしれない、あるいは署名をしていただいたかもしれない弥生文化博物館のことについて、ちょっとお話をさせていただきたいと思います。お話というよりは、関心をもっていただいて支援していただいた皆さま方に、お礼を申し上げたいと思います。

現在（二〇〇八年）、大阪府議会が開催中であり、いま知事さんが大変奇妙な立場に立っておられます。ご承知だと思いますが、知事を支援した自民党・公明党が、知事の今回の施策に対して皆、一生懸命反対をしている。ですから、いま知事は与党ゼロの状態で答弁しておられるのですけれども、幸いにして弥生文化博物館に関しては保存というか、廃止をしないということになりました。

でも、安心してはいけないと思っています。というのは、一年間の監視期間を置いて、来年の三月の議会の頃に決定しようと。そしてさらにもう一年査定をしようというところまできていますから、われわれは本当に大阪府から監視をされた状態で活動を続けなければいけない。

そんな状態ですが、まったくの廃止案からここまできたのは、皆さま方のおかげだと、厚くお礼申し上げます。佐古さんをはじめ皆さま方のご支援により、私たちの博物館、あるいは大阪府の文化のためにシンポジウムをしていただきました。そしてその機会に、佐古さんや藤田憲司先生などが親しい韓国の釜山大学の申敬澈《シン・ギョンチョル》先生がわざわざメッセージを携えて大阪へきてくださいました。

中先生はいま、韓国の国立、公立、私立すべての大学の博物館を束ねる韓国大学博物館協議会の会長をしておられます。その博物館の館長の名前を全部連ねて、「大阪府立弥生文化博物館は東アジアの文化のために大変有益な施設であるから、大阪府は廃止しないでほしい」という要望書をもってきてくださいました。そして、佐古さんと中川幾郎先生が主催してくださったシンポジウム「21世紀の博物館と考古学〜文化政策の視点から」(主催　文化経済学会日本・関西支部)にも参加して、貴重なお話を賜ったという次第です。大阪府の、日本の一地方の博物館について、隣の国から「東アジアのために貢献している博物館だから」ということで、救いの手を差し出してくださった。なんとありがたいことかと思って、お礼を申し上げる時に、私は落涙いたしました。

そういう厳しい時期がありまして、何をしていたかというと、ニュースを聞いて心を痛めてはやけ酒を飲み、それからいい報道があった時には喜びのお酒を飲んで、毎日飲んでばっかりおりました。しかし、おかげさまで元気で、しかもこんなにお酒の功徳があって博物館が存置できるならば、これからも大いに飲まなければいけない(笑)。

二　妻木晩田遺跡と佐原眞先生

今日こちらへ伺いまして、先ほどから妻木晩田遺跡は、今年が保存決定から一〇周年の記念すべき年であるということをあらためて学びました。すごい力ですね。これも佐古さんはじめ皆さま方ががっちりと組織を組まれて、全国にアピールされる。そしてその活動が、一〇年たった今も色あせずに続いている。何という素晴らしい力だろう。何という素晴らしい人々だろうと思って、本当に感激の念を新たにいたしました。何かオーラが輝いているような気がします。

それからもう一つ申しますと、今年が佐原眞さんの七回忌にあたる、六年目なんですね。スライドで若々しい佐原さんの姿をみまして、あの遺跡を回って聴衆の方に語りかけている佐原さん、たしか六九歳の時だと思いますが、本当に若いですね。どうしてあんなに早くあの世へ逝ってしまったのかと、不思議に感じます。

三　佐原先生の不思議

佐原さんといえば、先ほどもご紹介がありました『考古学今昔物語』、この本です。今日たぶん売り切れて、在庫はないだろうと思って家から持ってきたのですが、まだあるようです（笑）。このとき、三人でお話したのですけど、これは実はこちらの皆さま方が本当に苦心して作ってくださったようであります。私なんか何にもしないうちにテープ起こしができて、たくさんの人の奉仕があって、それから文化財サービスの皆さま方のご協賛があってできあがった書物です。この『考古学今昔物語』を、今日こちらにくるときに列車の中で読み返してみました。そしてあらためて不思議な人物だなと思ったのが、佐原さんと坪井さんです。このお二人は、全然変わってない。私はまともですね（笑）。今日佐原さんのことを申し上げるとすれば、彼が最初に私の大学へきた時に、「本当に変わった人だな、この人はこれからわれわれと一緒にやっていけるかしら」と思うぐらい不思議な変わった人でした。

たいていの新入生がいささか恥ずかしがって、先輩とあまり話をしないのですけど、佐原さんは初めから、もうわが家にいるようにふるまっておられました。私ははじめ「この人は……」と思っていましたけども、はたしてこれは「人」ではなくて、どうも何か動物のような存在であります（笑）。坪井さんも、動物のような存在です。お二人とも、同じなのです。

どうしてそんなことを言うかといいますと、二人に「考古学を続けることで悩みはありますか、迷ったことはありますか」という質問をしたら、二人とも「いや、迷ったことはない、悩んだこともない」と即答。人間というのは、悩む動物であります。悩んだことのない、迷ったことのないこの二人は、人間ではなくて、これはもう神様か、あるいは虫のようなものです。たぶん虫は悩まずにサナギから孵って成長していくだろうと思います。きっと佐古さんも人間でなくて虫だけど、きれいやから蝶々ですかな（笑）。そんな感じがしますね。

悩まずに本当にはっきりと自分の方針が決まっていて、仕事を着々と進めていかれる。その情熱の中に皆を巻き込んでいく。そういう点では、本当に佐原さんもこういう運動をしている皆さんも、人間以上の存在、人間以上の力を一緒に発揮してやっていかれるのだと思っております。

反対に、私はいつでも悩んで、はたしてそれがいいのだろうかどうかということを考えております。やはり考えるのが人間なのですよね（笑）。「人間は考える葦」でありますから、考えなければいけない。考古学とは何ぞやとか、遺跡をなぜ守るか、遺跡や博物館はなぜ大切か。

こんな問題を仮に私が佐原さんに仕掛けたとすれば、あるいは皆さま方から質問があるとすれば、佐原さんは「大切やから大切なんや、大切なことに理屈はあるか」と、それで済むだろうと思うのですね。ところが世の中には、「そんなものは大切ではない」という人がいるから困るのです。そういう人は、人でないのかもしれませんけども、どうもわれわれの周囲には不思議な動物がいっぱいおりまして、はじめから大事やということを決めている方と、はじめからあんなものは要らんのやという方があります。その代表は今の大阪府知事でありまして、博物館なんか要らんのやと。そういう人に「博物館は大事ですよ、遺跡は守らなければいけませんよ」ということを説明する時には、どういう人間が必要か。それこそ悩める人間が必要でありまして、それで私は、「どうして必要なのでしょうね、考えましょう」ということで、今までお話をしてまいりました。

四　坪井清足先生の話

坪井さんも、そういう点では悩みの一切ない人間です。お父上が有名な考古学者でありました。最初に坪井さんにお会いしたのは、実は太平洋戦争、第二次大戦の末期の頃です。坪井伍長でしたか、下士官でした。坪井さんは、ずいぶん強い兵隊のようにみえましたけども、あまり軍隊に適していなかったのです。本当は少尉さんかなにか将校になるところを、きっと学校教練を怠けていたのでしょうね。下士官で任官して、台湾に来られました。しかし大変活躍されまして、殊勲乙というご褒美を軍隊でもらわれた。殊勲甲なんていうのをもらうと、金鵄勲章が胸につくのですがね。

何で坪井さんが殊勲乙をもらったかというと、あの人は電波探知機の部隊でして、フィリピンから台湾にアメリカの爆撃機が飛んでくるのを、坪井さんの部隊の電波探知機が台湾南部でとらえて、台湾に空襲警報が出ました。私も台湾におりましたから、戦争が始まってすぐ台北で空襲警報が発令されたのをよく覚えています。そういう仕事が坪井さんの功績であったということを、あらためて坪井さんから話を聞いてわかりました。

だけど、坪井さんはあんまり機械に強くないのです。電波探知機を扱えるとは思えません。何をしていたかというと、近くに遺跡がありまして、その遺跡を兵隊を使って掘りに行ったのです。坪井さんは拾ったといいますけど、あれはたしか塹壕か何か掘ることにして、遺跡を掘ってたんやと思います（笑）。遺物をたくさん発見しまして、戦後フィリピンの太平洋学会で立派な発表をしておられます。片時も考古学を忘れない。そういうのが坪井さんでありまして、ちょっと人間離れしているわけです。

五　悩める恕少年

で、私の方は実はその二人に比べて考古学に目覚めるのが遅かったのです。といいますのは、いろいろ悩みが多かったものですから（笑）。子どもの時、戦前の昭和一四年頃ですが、私の家に「小国民文庫」が置いてありました。これは、何冊かの全集になっていまして、小学生でもわかるように書かれている書物です。その一冊に、日本人とは何かというふうな題だったと思いますが、本がありました。それを読んでいますと、わが日本民族はどのようにして成立したか。石器時代があって、青銅器時代があって、それからその過程でたくさんの民族がアジア大陸から日本列島に渡来してきた。そして混血して今の日本人ができたのであるということが、実に明晰に書いてあった。ああ面白いことがわかるのだなということで感激しました。

それから小学校の最後の年に、歴史の教科書を渡されました。もちろん文部省が作った歴史の教科書です。一番はじめのところは何かといいますと、天照大神の天孫降臨のお話が出ていた。この日本列島の上に高天が原という神々の世界があるという。空を見ても、見えません。雲しか見えませんけども、たぶんあの雲の上にそういう世界があるのだなと思いました。その雲の上に天照大神という女神がおられて、そしてその子孫にあたるニニギノミコトを召し出して、下をみろと。「この下に国がある。その国をおまえたちに治めさせよう。これからあの国に降りていって平定しろ」こういう命令を受けて、天孫ニニギノミコトはサルタヒコトいう強い神さまを先導にドロドロドロと降りてこられた。どこへ降りたかというと、日向の高千穂の峰に降りてこられて、そこにしばらくおられた。その間に、後に神武天皇となるカムヤマトイワレヒコがお生まれになった。そのイワレヒコが軍勢を率いて大和の国のまつろわぬ賊どもを滅ぼすために、瀬戸内海を航海して大阪に渡ってきた。ところが大阪から大和へ入ろうとするが、抵抗が激しくて入れなかった。そのため、紀州をまわって、紀伊半島を北上して、宇陀の方から大和に入ってこられた。そして大和国で天皇の位に就かれて初代神武天皇となった。そういう話が書いてあるのです。

「汝皇孫往きてしらせさきくませ云々……」ちょっと忘れてしまいました。やはり末期高齢者になりますとそういうことも忘れてしまいます（笑）。そういうお話と、先ほどの明快な民俗学・人類学・考古学的な説明とがまったく整合しない。本当に子どもながらに、不思議な問題を突きつけられたような気がして悩みはじめました。

佐原さんだったら、「そんな神話なんか信じられるか」といったかもしれませんけども、私は「あり得るかもしれんな」と思いました。私の家はあまり熱心ではないけれどキリスト教で、子どものときから聖書を読まされておりました。それで、人間というのはアダムとイブの子孫である。私たちも、アダムとイブの子孫である。ところが、うちの家の宗教は代々神道でしたから、われわれはイザナミ、イザナギノミコトの子孫である。どっちが正しいのやろ。これも悩みの種でありました。これはどうしても調べなければいけない。ですから、イスラエルに行って「アダムとイブはイザナミ、イザナギより古いのか」とか、弥生時代の遺跡を掘って「イザナミ、イザナギの方が古いのか」、そんなことを、今でもやっている。まあまあそういうことで、疑問ばっかりの歴史観がありました。

そのうちに、台湾は大変恐ろしいことになりました。もちろん、台湾だけではないですね。台湾の場合は、アメリカ軍が勢力を取り戻して、巻き返しを図ってきました。そして、フィリピンがついに占領されまして、次は台湾に上陸するだろうといわれていました。私たちは高等学校の二年生でしたけれども、全部兵隊にとられました。毎日、塹壕掘りに明け暮れました。六カ月間何にもせずに、本も読まず新聞も読まず、山の中に閉じ込められて、ひたすら塹壕掘りをしていました。それで、何かもう体が土掘りに適したような体になりまして、戦後もそれを続けてきました（笑）。役に立たないことはなかったと思っています。

そんなことでその頃は、われわれは敵の戦車が台北盆地に侵入すれば、これでもう人生終わり、おしまいだということを決心させられ、人間というのはそういう存在だと思ってしまったのです

六　戦後教育と考古学の役割

それで、幸いにしてといえば沖縄の方に大変な犠牲を強いたことになるのですが、アメリカ艦隊は台湾を

素通りして、沖縄の慶良間諸島にまず艦砲射撃をして上陸する。こういう沖縄戦争が始まりました。しばらく、何か真空状態のような時期がありました。

引き揚げて日本に帰ってくると、日本はとくに大阪は焼け野原でして、大変ひどい社会でした。あらゆるものがみな、価値観を変動してしまいました。もちろんその中に、文化の灯をともしている人たちも少なくはなかったけれども、しかしあの一時期というのは本当に、われわれがどう生きていけばいいのかという悩みが非常に強かった。悩みも何も、とにかくおなかが減って、これで生きていけるかというような時代を過ごしました。

その頃、やはり日本は大きな教育の変換を迫られたわけです。明治維新の頃からそれまでの日本のイデオロギーを支えていた考え方というのは、日本はいよいよヨーロッパやアメリカなどの先進諸国と肩を伍して一つの革命を起こしていかなければいけない。これは経済体制でいえば資本主義革命ですし、社会でいえば市民改革、市民層の形成というものがどうしても必要になってきたわけです。そういう路線に乗って日本が進んでいくうちに、日本の場合は一つの国家神道によって統一していかなければいけない。その神道のイデオロギーを押しつけるために、神話教育というものが大切である。つまり、日本人は純粋の純固とした民族であって、一系の家系から天皇家から分かれた子孫である。だから日本人は優秀であり、東アジアに君臨する資格があるのだということで、そういう教育を受けた人々が、一銭五厘の召集礼状をもらって……一銭五厘というのは葉書代ですね。それで、命を預けて大陸へ出ていった。そういう時代でした。

戦争が終わって、そういうものがみな崩れてしまって、いったい日本を支えるどういう倫理、どういう論理が必要なのかという時代に、やはり問い直されるのは歴史教育です。この歴史教育が、われわれの時代にはまったくゼロであったといっていいかもしれません。しかし、日本人の来歴を知る、そしてわれわれがどういう民族であるかということを自己認識するためには、何が科学的・客観的な資料であるか考えていかなければいけない。

そういう資料を提供してくれるのが遺跡である。遺跡を発掘して、資料を取り出してそれを解析して、私たちのご先祖がどういう暮らしをして、どういう経緯を経てこの日本の社会、現代を作ったかということを反省しなければいけない。もしそれがなければ、また怪しげなイデオロギーに利用されながら、天皇親政国家になったかもしれません。むしろそういうことを抑えて、大切な学問となったのが考古学であろうと私は考えましたし、今でも考えております。

七　遺跡・博物館の役割

佐原さんは、戦争が終わる頃にアメリカ空軍の飛行機を蹴っ飛ばして、溜飲を下げたというふうな軍国少年でありましたけれど、戦争が終わってからは好きな考古学にずっと没入されましたし、坪井伍長殿も日本にお帰りになって、一級ぐらい昇格されて軍曹になられたかもしれませんけれども、鬼軍曹として京大の考古学教室で、今度は本気で考古学のトレンチ掘りをされてきました。

当時、考古学教室があったのは京都大学だけです。その後全国の大学に考古学が置かれて、そして日本の歴史をもう一度、遺跡・遺物から検証し直す。もちろん文字に書かれた歴史の解釈も、新しいイデオロギーで解釈していこうという機運ができて、戦後の日本歴史学が構成されていった。

そのために、やはり遺跡や遺物というのは大変大切である。そして、そういうことを学んで、あまり偏った国家観あるいは民族観を作らないようにする。それには、知的な教育を受けた市民階層が必要です。そういう市民階層を作るのは、けっして一人の人間の号令や命令ではなくて、やはりその市民階層が市民であることを自覚するために、自分たちの在地の資料を目で確かめる。そういう施設も必要である。もちろん図書館は非常に重要ですけれども、そういう資料を展示して並べて、その中に歴史のストーリーを学び取っていただくような施設が必要である。これが、やはり博物館は必要な存在であることの証明だと思います。

ですから、考古学博物館、あるいは遺跡とか博物館はなぜ大切かというお答えは、ただそれを楽しむというだけのものではなくて、絶えず疑問を持ち、あるいは悩みを抱えながら、そういう施設に相談し、そういう遺跡に相談しながら、自分のあり方というものを考えていく。そういう存在になってほしいと思っております。といって、別に佐原さんや坪井さんの悪口をいっているわけやないんですよ（笑）。あの人たちは大変恵まれた人で、そういうことを生まれながらに知っている人であるかもしれません。

八　畏れの念

最近学んだ本の一つに、これは大変観念論的な神学の本ですけれども、ドイツのマールブルグ大学のルドルフ・オットーというプロテスタント神学をやった方がおられまして、その方がヌミノーゼというものについて解説をしておられます。神とは何ぞやということをドイツ哲学の立場で、あるいはプロテスタント神学の立場で解説した本です。

どういうことを彼が感じたかというと、われわれ人間は神殿、聖域、あるいは大きな教会とか、そういうところに行けば、必ず何か心が震えるような畏怖の感覚を覚える。自然の森の中へ入って、ただ一人でじっとしていると、同じように感じるだろう。こういう感覚は何だろうか。この感覚は人間に共通なもので、それは心理的に分析すれば、畏れの念である。ひれ伏したいというふうな畏れの念である。

ギリシャ語のヌミノンという畏れの言葉から、彼はヌミノーゼという言葉を作りました。人間は、生まれながらにしてヌミノーゼを持っている、人はすべて、宗教的存在であるというのが彼の考え方です。

はたしてそうであるかどうか、わかりません。そんなものは感じない人がいるかもしれない。もし人間に共通にあるとすれば、今の遺伝子研究のレベルで、染色体の何番目のところにそれが組み込まれているかということが証明されるかもしれないけれども、そんなことはないと思います。ただ、一つ無理にいうとすれば、そういう心的傾向をもった人が、より自然の脅威などにうち勝って、あるいは人間の社会の葛藤の中に生き抜いて、ずっと生存し続けた。そういう実績を持っているのが、今の人間であるといえるかもしれない。つまり、まだ本能に定着するために、あるいは染色体の座の上にＤＮＡで書き込まれる以前かもしれないけれども、そういう可能性を秘めた何かがあるのかもしれない。そのあたりを柔らかく考えていいかもしれません。

九　考古学者ペトリーと考古学の方法論

そういうお話でずっと思い出してきましたのが、われわれの世代の者が考古学の教科書として学んだ一冊の書物であります。その書物は、フリンダース・ペトリーというイギリスの考古学者が書きました。一九世紀と二〇世紀のちょうど交わる頃に大活動したエジプト学者でした。フリンダース・ペトリーは、実は正規の考古学の教育を受けた人ではなかった。ペトリーは、お父さんも確か測量士だったと思いますが、測量技師でありまして、エジプトに測量に行きました。

エジプトに行ったいきさつは、大変不思議なことでした。その頃イギリスにピアジ・スミスという変な人がいまして、その人が天地創造の謎はピラミッドに秘められているという本を書きました。どういうことかといいますと、神さまが天地創造してから現在まで何年かかっているか。つまり、この世界はその頃のキリスト教の考え方では、神がある一瞬にぱっとつくった。本当は聖書では一週間かかったのですが、最後に、すべての動物を支配する存在として人間がつくられて、天地創造が終わった。

それからいったい今まで何年間かかっただろうということは、実はピラミッドの長さ、四角錐の一辺の長さにちゃんと示されている。それを正確に測れば、何年前に神が地球をつくったかということがわかるということをピアジ・スミスは書いて、評判になりました。今の私たちから見れば、これは悩むまでもなく、なんと馬鹿げたことを考えるんだと思うのですけれども、一時そういうことが流行ったのです。若いペトリーも、それでは測量の腕を発揮して、ピラミッドを測量してみようと思ってエジプトに行きました。

ところが、もうそんな馬鹿馬鹿しいことを許すような世界ではなくて、エジプトはちょうど帝国主義侵略の時期にたくさんの発掘調査が行われ、そしてもっともっと進んだ考えの方がたくさんいて、ペトリーはすっかりエジプトの魅力にとりつかれました。そして、エジプトのとくに先王朝時代といいますか、エジプトの王朝が始まる以前の時代の研究を行いました。ペトリーがやった大きな功績は、皆さんもよくご存じだと思いますが、お墓に入っている土器を、全部お墓ごとに集めて整理してみた。そうしますと、副葬品の土器の組み合わせがちょっとずつ違っていく。あるいは、ある時に新しい型式が出てきたりする。ということで、土器は時代を知る上で、大変役に立つのだということを知ったわけです。

その後、エジプトで一時仕事ができなくなって、彼はイギリスのパレスチナファンドという教会に頼まれて、パレスチナの調査に派遣されました。パレスチナでテル・レヘシュという遺跡を掘りました。その遺跡をみますと、イスラエルの南部地方は時々ものすごい豪雨があります。その豪雨の時に一時的に洪水が起こって、人間が作っていたテルという大きな丘を侵食していた。その侵食した崖をみたら、ずっと土器が層になって出ている。その層の土器を取り上げて地上に並べてみると、時代の変化がわかる。土器こそ、時代を知るもっとも大切な指標であるということを彼は認識しました。

それで新しい発掘方法を考案して、ヨーロッパの考古学が、当時でいえば世界の考古学が新しい方法論を獲得したわけです。

そのペトリーが書いた書物の一つに『考古学の方法と目的』というのがあり、それをわれわれは読むように薦められました。そしてその書物は、ペトリーの直弟子でありますを浜田耕作（青陵）先生が学んで帰ってこられて、ご自分で『通論考古学』という書物にまとめられました。もちろん浜田先生はペトリーとまったく一緒ではなくて、一応『考古学の方法と目的』という書物を基礎にはしているが、改めたところもたくさんあるということで出されたものです。その浜田先生の書物は、その後の日本で、ある意味では考古学の教科書になってしまった。それほど影響力の強い本でありました。

一〇　博物館の意義

ペトリーの方は、「人間には古い時代を認識し、そしてそれに対する憧れと憧憬の念がある。それはつまり、昔の時代は大変尊い時代であった。古いことを調べるというのは非常に大切なことで、古い時代のものは十分大切に保存しなければいけないという古代に対する憧れの気持。それは人類に共通なものである。そしてそういう憧れの気持は、人々の知恵が進み、文化が高まり、文明の次元が高くなるにつれて、強まっていくのだ」ということを書いているわけです。

これも、はたしてそうなのか。そういう観念のようなもの、それが染色体の中のどっかに植え込まれるのかどうか。これは、わかりません。おそらくそんなことはないでしょうけれども、ただ文化・文明の進展とともに古代に対する憧れの念というか、古い時代をもう一度きっちり検証して、昔のことを考えながら、現在の行動に生かそうという思いは、人間だけができることであって、これができないのは人間ではないというわけです。そのいちばん重要な手段が、やはり学校教育と博物館であるということをペトリーは知っておりました。

こういうことから、私たちがこれから、ものを考えていく時、日本の将来を考えたり、世界の人類の将来を考えたりする時に、ただ数量的に解析するだけではなくて、絶えず過去の人間がどうしてきたか、どういう習性があったのか、人間以前の社会がどうであったかというふうな大きな興味をもって今の世界を振り返ってみないと、私たちは新しい世界を想像することができないですね。その一つの資料を提供するものとして、博物館はやはりこの上なく大切なものだと思いますし、もしこれから日本が文化をもって世界に問いかけていく時代であるとすれば、博物館を廃止してしまうなどということはまったく無法野蛮なことであります。

二　文化施設にも経済効果がある

そんなことをいろいろと考えて、前にもお話したのでありますけれども、この前大阪でシンポジウムをした時に、ここにおいでいただいております中川幾郎先生から大変新しい発想をいただきました。私たちはこうして文化のことを大切だと考えるわけですが、人によっては、おまえたちは好きだからやっているのだ、好きなことをやるのに税金を使うのは何事であるかというふうな非難も受けました。博物館などというものはいくら立派なものを造っても、それに見合うだけの入場料が稼げるわけではない。経済的にはマイナスなだけである。あんなものはなくしてしまえ。今度の大阪府の発想も、そういうことでありました。

それに対してわれわれは、ある意味ではちょっと肩身が狭い感じも持っております。私たちは、何も生産してないのか。田を耕してお米を作っているわけでもなし、工場で働いて物を生産しているわけでもなし、われわれは観念の遊戯をしているだけなんだろうか。そういう何か肩身の狭い思いをしておりました。

ところが中川先生は、新しいアイデアといいますか、啓示をわれわれに与えてくださった。それは、文化施設というのは経済的効果があるものだということでした。文化施設の経済的な効果というものが最近しきりに解析されている。それが文化政策経済学という新しい経済学の一つの傾向である。道路とかそういう施設に投資するお金は、その場で終わってしまう。あるいは経済的効果が投資した場所ではなくて広く拡散してしまうけれども、文化に対する投資というのは、非常に長い間少しずつその地方を経済学的に潤していくということでした。

新しい視点が開けました。もう少し肩肘張って生きられるかなという気もしております。実際われわれはいろんな目的、使命があるかもしれません。好きでない方に無理にこういうことを考えなさいといっても無理かもしれませんけれど、ぜひそういう視点をもって、まず考古学あるいは博物館に親しんでいただきたい。ここにおられる方にこんな話をするのは、まさに釈迦に説法でありますけれども、そういうことをお伝えしたいと思います。

一二　佐原さんの「大きな袋」

それから、佐原さんが亡くなって、弥生文化博物館で追悼文集を出しました。佐原さんは、私たちの博物館が一応軌道に乗った時に、どういうふうに仕立て上げるかという基本的な構想を作ってくださいました。ある意味では、弥生文化博物館の生みの親であるといっても言い過ぎではないと思います。それで、追悼文集を作り、佐原さんを偲ぶ会を催しましたところ、たくさんの方が集まってくださいました。

その中で思ったのは、佐原さんの人物像、人間像を表現するならば、彼は一般のその辺の秀才がもっている小さい袋をたくさん備えた人物ではなかったということです。

いま大学進学で悩む人たちは、いかに入学試験を上手に突破するかということで悩んでおられると思います。私たちの時代、戦後間もなくの頃は、大学の入試なんて別に難しいものではなくて、だいたい好きなところへ入れるようになっていましたけど、このごろは競争が激しいそうですね。

佐原さんも、そういうことで悩んでおられた。大学入試を志す人はみな小さい袋に、ここは物理、ここは化学、ここは数学、ここは語学というふうに入れて、入学試験のときに小出しに出して、入ってしまったらもうみんな忘れてしまうんですね。そういう入試制度になっています。佐原さんはそういう小さい袋のもち合わせがない代わりに、物すごくでかい袋をもっておられました。その袋の中には何か酵母のようなものが入っていて、いろんなものをその中に詰め込んでいかれます。もちろん考古学は、いちばん袋の底にたまっていた。その上に、たぶん歴史のものが入っていたり、音楽が入っていたり、神話学が入っていたり。そういう専門家と議論して学んだことを全部大きな袋の中に一つに取り入れて、発酵させて、独特のものの考え方ができるようになった。そういう独特のものの考え方が、新しい学問の誕生に役に立つし、やはりこの世界でいちばん役に立つ仕事になるのだと思います。

坪井さんもそういう大きな袋をもって、その中に実にたくさんのものがたまっています。おそらく考古学に関しては、佐原さんよりもっとたくさん入っているかもしれないけど、音楽なんかはあまりたくさん入っていないかもしれないですね。それから坪井さんの酵母は、ちょっと苦い酵母が入っていまして、出てくるエキスがちょっと強烈な、人を刺すようなところがありますけど（笑）、佐原さんのはもうちょっと甘いところがあって、みんなを惹きつけるというところもあります。

しかし、いずれにしろ、大きな袋で独自の酵母で育て上げていくという、そういう成果がわれわれにとっていちばん大切なものなのです。そういうものをもっているのは、人間ですか？虫ですか？神さまですか？そういう独特な存在でなければいけないと思います。佐古さんもきっと素晴らしい袋をもっておられて、その中にはどんな酵母が入っているのか、のぞいたことはありませんけれども（笑）。大変魅力的な酵母であろうと思っております。

とりとめない話をして、講演になるかどうかわかりませんけれども、時間がきましたので、これにて終わりにいたします。どうもご清聴ありがとうございました。（拍手）

中川幾郎先生からの一言（司会者の突然の指名による）

突然登場しまして、すみません。帝塚山大学の中川幾郎と申します。

先ほど金関先生のお話に出ましたシンポジウムというのは、弥生文化博物館の売却案が出たことを受けて、「21世紀の博物館と考古学~文化政策の視点から」というタイトルで、今年五月一七日に大阪で開催しました。ご登場いただきましたのは、佐古先生、金関先生、釜山大学の申敬澈先生、明治大学の矢島國雄先生と、それから大阪市大の岸本直文先生という、考古学・博物館学の確たる方々なのですが、主催は、私が支部長をつとめる文化経済学会関西支部で、定員四〇〇人の会場がほぼ満員という大聴衆の中で開催されました。そこで、さきほど金関先生がおっしゃった説を私が経済学の立場からお話したわけです。

かいつまんで言いますと、橋下知事は「文化に対する投資は、税金の無駄遣いである。そんなもん、何の再生産にも繋がらない」という思い込み、偏見ですね。文化に対する強い嫌悪感の持ち主ともいえる。小さい時に、何かそういう感情を抱いてしまうような体験があったんだろうかと思うほどなのですが、実際はまったく違うのです。そういうお話をしました。

「文化は無駄だ」という説をとれば、基本的に皆さんが今お召しになっている洋服も、そんな柄をつける必要ないでしょう。何でそんな色をつけているのですか。このような襟も袖口のボタンも、なぜつけてるんですかね。これは全部、ヨーロッパの中世から近世、近代に至る服飾の歴史から来ているのです。貴族のデザインの大衆化なのです。というように、私達が着ているものも、文化の遺産を商品化しているのです。

人間の商品の本質は、「満足」なんですね。私達は、何に満足するかでお金を払っているのです。いちばん原始的なのは、食欲の満足に対して払う。これが食料ですね。それから次に、衣食住の衣、着るものです。ただ生きていくだけのためだったら、私達は何もこんな柄のはいった服を着る必要はないのです。せいぜい草木染めとか藍染めくらいでいいんじゃないですか。でも、これだけカラフルな服を着ているでしょう。これはまさしく、文化的な生き方なのです。こういうものにお金を払うことで、私達は満足しているわけです。

わが国は、こういう商品をどんどんどんどん開発しなければ、これから生きていけないですね。とりわけ、わが日本の伝統的なアイデンティティーをきっちり出していかなければ、日本の産業そのものが勝っていけない。つまり、技術においても、日本独特の技術の発展があるわけです。細やかな、あるいは人間をものすごく大事にしてるというのが、日本の電器産業技術です。自動車でもそうです。まさしく文化の上に私達の産業構造が成り立っているのに、それを馬鹿にする。アイデンティティーを尊ばないというのは、経済を破壊することになるよという話なんです。これはちょっと迂遠な説明です。

もう一つの説明は、たとえば博物館とか美術館、音楽ホール、図書館などは、利用者から料金をとらない。だから、収益が上がらないと言われます。それはそれで、結構なのです。それは社会全体に対して、富を再配分しているからです。まず博物館、美術館を建てるに際にしても、建築業者は儲かっています。それから、そこにお客さんが来るに当たっては交通業者が儲かります。来られるお客さんは、そこにはタダで入っているけれども、出て行く時は、タダでは行きませんね。ホールで音楽を聴いたら、帰りちょっとデートしよう言いましてね。彼と彼女やったら、ちょっと今晩食事しようてなこと言うて、どっか近所のレストランに入ります。ということで、まわりのあちこちでお金を落としていく。こういうのを「乗数波及効果」というのです。

だから、その建物自体が収益を上げる上げないというのは、本質的な問題ではないのです。わが国の場合、博物館も図書館も、限りなく無料化の原則を尊ばなくてはなりません。図書館は、無料化原則を貫かれてますからタダです。実は博物館も、私はタダにすべきだと思っています。大英博物館は、タダです。そういうことを無視して、お金を稼げ、赤字は許さんというのは、まさしく文化施設を破壊する論法です。

そういう博物館、美術館、図書館、文化ホールなどがあるから、芸術家は育つ、学者が育つ、子ども達のわが国の歴史に対する基本認識が育つ。そういうさまざまな基礎的な厚みができますよね。その上に優れた技術者、あるいは学者、あるいは産業戦士が育っていくわけです。「博物館はいらない」という主張は、こういうことが忘れられているわけです。

それから先ほど金関先生がおっしゃいましたけど、東京都の元統計課長の安田秀穂さんというとても面白い人がおられまして、この人が土木建設工事の乗数波及効果と、それから文化ホールとか美術館、博物館の建設及び運営に伴う投資による乗数波及効果とを比較分析されましたら、土木建設はだいたい一年かそこらでもう波及効果は終わってしまう。だから、経済がぱっと成果をあげるのは、一年ほどなのです。ところが、文化投資は、それがじわじわと、ずっと続く。大きくはないけれど続く、ロングランだと。結局、それをつないでいけば、土木建設の数倍の効果があるというのです。

文化施設は、たとえば鳥取だったら妻木晩田という遺跡がありますね。この遺跡に投資すると、投資した効果は他の県に逃げない。ところが土木建設関係は、よその土地から材料を買ってきます。作業員さんも、だいたいよそから来ます。大手の建設業者は、ほとんど東京や大阪です。地元は下請、孫請です。ですから、地元は波及効果のかすりの部分しかとれず、域外流出するのです。わかりますか。せっかく県の税金を使ってやった仕事が、大阪や東京に流れてしまうわけです。日本全体としたら波及効果はあるけれども、鳥取県の地域経済から言えば損するわけです。ところが、文化への投資は、その県内、域内で増幅効果を発揮するということが証明されています。

そういうことからも、自分たちの地域の文化財を自分たちが大事にするということは、まあ地域エゴと言われればそれまでですけども、今や何もそんなことは気にすることない。競争の時代ですから、地域経済を豊かにする意味でも、自分たちの地域の文化財を大事にするのは当然のことじゃないか。なぜ大阪の地域文化資産である弥生文化博物館を潰すなどという暴論を言うのか、ということを私達は言ったわけです。結論を言いますと、そういうものを潰すということは、大阪経済の地盤沈下を加速するだけですよということを申し上げた。それはまさしく、金関先生が館長をなさってる弥生文化博物館と私達の主張と、みごとにターゲットが合いましたから、ご一緒させていただく栄誉に浴したわけです。ですので、私は考古学のことさっぱりわかりませんけども、その点に関して金関恕先生に評価していただいたので、非常に嬉しく思っております。どうもありがとうございました。

座談会「妻木晩田遺跡の魅力と今後への期待」

金関　恕（むきばんだやよい塾塾長）
坂田友宏（むきばんだ応援団団長）
砂口禮男（塾生・妻木晩田遺跡ボランティアガイドの会会長）
滝沢英明（塾生代表）
司会：佐古和枝（むきばんだやよい塾実行委員長）

司会　やよい塾をやっているなかで、塾生の皆さんと双方向でいろいろ意見交換したりお話ししたりする時間がなかなか取れないことが、ずっと頭の隅っこで気になっています。今日は、いい機会ですので、塾生の皆さんの代表ということで前に出ていただいて、妻木晩田遺跡についていろいろお話しいただこうと思います。また会場の皆さんも一緒になっていろいろご意見をいただきたいと思いますので、よろしくお願い致します。

まず最初に、滝沢さんは、初回からの塾生さんです。お仕事の都合で、米子から三重県にお引っ越しなさったのですが、いまも三重県からわざわざ毎月やよい塾に通ってくださっています。滝沢さんをそこまで惹きつけた妻木晩田との出会いとか魅力について、ちょっと聞かせていただけますか。

伊勢の三重県から参加

滝沢　もともと考古学には興味がありました。妻木晩田の保存運動中は、米子で勤務していましたが、そういうに活動に触れる機会がありませんでした。保存決定後に、たまたま新聞でやよい塾の開講と塾生募集の記事をみつけて、通うようになったということです。考古学が好きだからというのが、もともとの動機です。あとは、やはり日本全体をみても、神話のふるさとの山陰～出雲や伯耆は、神話の中で非常にメジャーなので、そこに一つ魅力を感じているところです。

いま、三重県に移っています。三重県は天照大神の地元なので、向こうに行ってもいろいろと情報収集はしたいと思っています。出雲と天照大神の関係は古代史の大きなテーマだから、やはりやよい塾から足が抜けないというところかなと思っています。

司会　ありがとうございます。もともとご出身はどちらですか。

滝沢　もともとは長野県です。

司会　こんなに山陰に関心をもっていただいて、うれしい限りです。

妻木晩田遺跡のボランティアガイド

司会　砂口さんも、早い時期からやよい塾に来ていただいていますよね。

砂口　私はやよい塾の第二期からです。私の生まれは、舟と二棟の建物などの絵画土器で有名な稲吉です。今は米子市になりましたが、昔は宇田川村稲吉でした。子どもの時は、小学校に通う道路に土器がたくさん落ちていました。その当時はそういう知識もありませんし、関心もなかったのです。それでも、これは縄文土器だ、弥生土器だなどという話をしながら、子どもの時に遊んだ覚えがあります。それから、黒曜石の鏃なども拾って遊んだ覚えがあります。

そういう環境に育っておりましたが、それからずっと考古学のことは触れる機会もありませんでした。定年を迎えて、これからさて何をしようかいう時に、私はゴルフが大好きでして、ゴルフにハマっていました。妻木晩田にゴルフ場ができるということで、非常に楽しみにしていたのですよ（笑）。しかし、ゴルフ場建設は中止となり、妻木晩田遺跡が保存されました。考古学には全然縁がなかったのですが、ゴルフができないのなら、遺跡に行ってみようということになりまして、それから佐古先生の門に入ったわけなんですが、一気に考古学にハマってしまいました。

それからずっと現在まで、約七年目ですか、妻木晩田遺跡でボランティアガイドをやっています。そして今は会長という重大な役職を仰せつかっておりますけども、何もしない会長でございまして、皆さん方の好きなように会を運んでいただいております。現在の妻木晩田は、非常に面白いですね。これからまた話が出ると思いますので、まず初めにこれだけ言って終わりたいと思います。

司会　ありがとうございます。まさに地元住民、しかもゴルフ場建設を楽しみにされていたにも関わらず、このように頼もしい妻木晩田のサポーターになっていただいて、ありがたいことです。

保存運動の頃からのかかわり

司会　せっかくの機会ですので、もう一人の地元代表、応援団事務局メンバーをご紹介します。保存運動中からずっと現在に至るまで、一心不乱に妻木晩田に取り組んだ希少動物、人間ではないかもしれない（笑）、

むきばんだやよい塾サハラ記念日公開講座
記念講演「遺跡・博物館はなぜ大切か」
講師 大阪府立弥生文化博物館館長 金関恕さん
報告 妻木晩田遺跡の保存から
座談会 妻木晩田遺跡の魅力と今後への期待

座談会風景

やよい塾サハラ記念日公開講座

金関恕先生

中川幾郎先生

坂田友宏団長

左から佐古和枝氏・滝沢英明氏・砂口禮男氏

田中敦君です。いつも会場の後ろの方でごそごそと、映像や録音の機械の世話をしてくれています。妻木晩田遺跡の保存運動中も私は京都にいましたので、地元での対応が十分にできないこともありました。それを全部、彼がフォローしてくれて、そのまま現在に至るということです。敦君、妻木晩田と出会って大変だったね。ちょっと一言、どうぞ。

田中　佐原先生の話もありましたけれど、私も考古学が好きな少年でして、小学校の頃から、土器拾いをしていました。小学校の時に福市考古資料館の講座に行きまして、このやよい塾に塾生としていらっしゃいます高橋さんとか、米子市教育委員会の小原さんや杉谷さんに考古学を教わって、大きくなっていきました。ただ、文系科目は日本史しかできませんでしたし、ものづくりが好きだったので、工学部に進みました。大きくなってからは考古学の仕事には携わっていませんでした。そのおかげで、保存運動の時は、考古学の仕事をされている方がなかなか出て来られない状況の中で、何も気にせず出ていけたのはよかったかなと思っています。機械が好きですから、妻木晩田遺跡や応援団の活動のビデオや写真を撮っていまして、今日の冒頭のビデオを作ることができたのは、非常に嬉しいというか、僕にしかできなかったことを与えてもらえたということで、皆さんにも感謝したいと思います。ありがとうございました。

司会　佐原先生のご命日は、彼の誕生日なのです。やはり深いご縁があったのですね。

詩集「妻木晩田物語」

司会　遠方から通ってくださっている塾生さんがもうお一人おられました。神戸から来ていただいている石井さん、一言お願いします。石井さんも、ずいぶん長く通っていただいていますね。

石井　四期からですかね。実家が大山町の名和にありますので、毎月親の顔を見がてらに帰ってきて、やよい塾に来ています。実は、私には下心があるのです。私は詩を書いています。それで、青谷上寺地遺跡と妻木晩田遺跡を土台にした弥生時代の詩を連作しました。今度、その詩集を出します。買っていただきますと、全額むきばんだやよい塾に寄贈させていただきますので、皆様ご購入方、よろしくお願いいたします（笑）。

司会　「妻木晩田物語」ですね。地元の方言を使って、素敵な物語ができています。楽しみにしています。収益をご寄付いただけるということなので、私も行商にまわります（笑）。よろしくお願いします。

畏れを知った文化

司会　このように、地元でも遠方からでも、妻木晩田遺跡のために集まってくださる皆さんに支えられて、活動してきました応援団も、一〇年目を迎えたということで、団長の開会挨拶にもありましたように、これから次のステップについて考えなくてはいけないと思っているのですが、改めましてむきばんだ応援団団長の坂田先生、今までの活動を見ながら、今後を見据えて何か一言、お願いします。

坂田　妻木晩田遺跡については、私は考古学が好きだからということではなくて、貴重な遺跡が壊れてしまうということは何としても避けなければいけないというただ一点の理由で、保存運動にわずかばかりのポケットマネーを出しただけです。それで、応援団に入れていただきました。ところがどうした弾みか副団長だとか、今はこうして団長というような立派な肩書きをいただいております。毎年団長を代わってほしいと言うのですけれども、佐古女王が絶対代えてくださらない。改めて公式の場でお願いしておきます（笑）。

今後については、米子はいま、山陰歴史館や図書館の指定管理者制度導入の問題を抱えており、中川先生にはたびたび私もお話を承っております。図書館とか博物館の話も出ましたけれども、やはり妻木晩田遺跡も、図書館や博物館などとひっくるめた問題として考えようとはしているわけです。

その時に、われわれをすぐ眼の敵にするのは、行政なのですね。中川先生のような考え方を市長さんがもってくれれば、事は簡単なのですけれど、なかなかそうはいかないのが現状です。

そういう中でやはり市民サイドでどういったワーキングをしていくかということを考えていかなければなりません。これもなかなか遅々として進まない面がありますけれども、一人でも多くの人に理解をしていただいて、下からのパワーで行政を動かしていくしかありません。

今日、金関先生や中川先生のお話にも出てきましたが、教育のレベルを上げていく、文化度を上げていくことが大事だというのは、まったく同感です。日本文化というのは、振り返って考えてみると、やはり畏れを知った文化だった。これからも、そうであってほしいと思います。畏れというのは一つの謙虚さであると私は思います。やはり、自然に対して畏怖を感じる。そして人間が非常にちっぽけな存在であるという認識をもって謙虚になる。今は、そういう価値観がなくなってしまって、何でもかんでもとにかく金というような価値観に変わってしまったと言ってもいい。それをもう一度、日本人の昔ながらの精神のあり方に戻すということが、非常に大事なことだと思います。

そうしてもう一つ、たぶんチンパンジーはいくら賢くても、一〇代前の先祖はどうだったということは覚えてないでしょう。やはりいにしえ、過去というものに対して憧れをもつ。それは単なるノスタルジアであってもいいと思うのですが、そういうものがだんだん欠けてきつつある。

その反面、今日も佐原先生のビデオに出てきていましたけれども、「ふるさと」という歌は、たぶん日本でいちばん好まれて歌われている唱歌の一つです。そういう歌を妻木晩田の丘に立つと思い出すじゃないですか。あそこがたんなる丘ではなく、ここでいにしえ、二〇〇〇年前にこういうロマンがあったのだと。そのことによって過去への憧れ、そして人間の謙虚さみたいなものをしみじみ感じることができるようなところを、教育によって伸ばしていかなければいけないと、私は思います。ちょっと長くなりましたが、以上です。

司会　これだけのお話をしていただけるのですから、やはり現在のところ、坂田先生は応援団の団長の最適任者だと、いま改めてあらためて思いました（笑）。

「むきばんだを歩く会」について

司会　妻木晩田遺跡は、唱歌「ふるさと」の世界を思い出させる丘であるという名言が、いま団長から出てきました。「ふるさと」を作曲した岡野貞一さんは鳥取県人です。それを知った佐原眞先生は、「ふるさと」をあなた達のテーマソングにしなさいと仰って、保存運動中に開催したシンポジウムの最後に会場の皆さんと大合唱をしました。たしかに、海を見晴らす山の上にあり、森に囲まれていることが、妻木晩田の大きな魅力になっていると思います。

ですから私は、妻木晩田と出会った時から、あの遺跡は、歴史を学ぶ場だけではなくて、自然と人間の付き合い方を学ぶ場、歴史と自然と両方を学ぶ場になって欲しいと、ずっと思っていました。その思いが保存運動を始めた時の「自然と遺跡と人間を考える会」という長い名前の会のもとになったのですが、それがやっと実現したと嬉しくて仕方がないのが、いまとても元気のいい「むきばんだを歩く会」の活動です。この会は、二〇〇五年に発足し、毎月一度、遺跡周辺の植物観察をしています。もちろん、現在の植生は弥生時代のままではありませんが、妻木晩田ムラの弥生人達がどんな植物に囲まれて暮らしていたのか、少しでも知りたいという思いで、皆さんにお声がけをしたら、四〇名ほど集まってくださいました。

歩く会メンバーの松本靖介さんが会場におられます。ちょっと一言お願いしていいですか。松本さんは、やよい塾の夜間部の塾生でもあり、歩く会と夜間部の両方で、毎年皆勤賞候補になっていらっしゃいます。

松本　突然にご指名いただきまして、ちょっとドキドキしています。私は元来、古代出雲が大好きで、松江の講座に通っていました。それが、たまたま新聞でこういうやよい塾があるということを見まして、家内と一緒に入会しました。その中で「むきばんだを歩く会」が企画されまして、これも家内と一緒に参加することにしました。鳥取県自然観察員の鷲見寛幸先生を中心に今日も歩いてきたのですが、妻木晩田の自然、とくに植物をずっと調べて、そして樹木に名札をつけるというような作業をやっております。私は、植物はあまり詳しくなかったのですけれども、回を重ねるごとに、何かそういう植物の名前が体にしみ込んでくるような気がいたしまして、今では本当に毎月の例会が楽しみで参加させてもらっています。先ほどご発言された滝沢さんは、本当に遠いところから「歩く会」にも毎月参加されていまして、敬服しているところです。

そういう意味でも、妻木晩田遺跡というのは本当に自然豊かな遺跡であり、そしてこの丘に登ってみれば、目の前に美保湾が見晴らせます。中海も見えます。私はいつもあそこへ上がると、古代の渡来人があの美保の次郎崎を越えてここへやってきたのだろうか、あるいは大社湾から入海を通って、そして米子湾に入ってきて、そしてたとえば、宗像族などの古代の海人が、あそこに自分たちの祖先の神を祀ったのだろうか、というようなことをいつも感じております。以上です。

司会　松本さんは、米子市の「水鳥公園」でガイド活動をしておられる鳥博士です。妻木晩田遺跡を歩きながら、鳥の解説をしていただけるので、楽しさが倍増しています。ありがとうございました。ほかの皆さんも突然指名が来るかもしれませんから、居眠りしないで参加してくださいね（笑）。

韓国修学旅行の思い出

司会　今、海の向こうの話が出ましたが、妻木晩田は保存運動中に、在日二世の歌手の李政美さんとか、あるいは先ほど来お名前があがっています釜山大学の申敬澈先生に、本当に大きな助けをいただきました。申先生は、妻木晩田は韓国にとっても大事な遺跡なのだということで、日韓合同研究者署名の韓国側の取りまとめをしてくださって、保存運動に大きな追い風を起こしてくださいました。妻木晩田遺跡は、日本人だけではなく、在日コリアンの方々、また韓国の考古学研究者の方々も、一緒になって守ってもらった遺跡なのですね。だから私たちは、妻木晩田遺跡にみられる二〇〇〇年前の日韓交流をもう一度復活させたいということで、やよい塾の修学旅行として韓国に行くことを始めました。韓国修学旅行に参加していただいた判澤さん、ちょっと一言お願いしていいですか。

判澤　判澤です。今まで三回、韓国修学旅行されておりますけど、私は去年とその前と二回参加させていただきました。外国旅行は数回しておりますけど、韓国にはやよい塾の修学旅行で初めて行きました。そして、なぜか韓国が気に入ったのです。これも考えてみると、自分の何十代前の先祖があの辺りからはるばる来たからではないかなと、最近では思っています。今年も楽しみにさせていただいております。

司会　どうもありがとうございました。日本と韓国の考古学界は、とても仲良しなので、行った先々で韓国の考古学仲間の方々がとても親切に案内してくださり、学問的にとても贅沢な修学旅行をさせてもらっています。韓国の考古学研究者と親しくお話ができるのも、この修学旅行の楽しさになっているのではないかと思います。

皆さんのおかげでいろいろ活動が広がってきて、大変嬉しく思います。そういう今あらためて、滝沢さんは「歩く会」と「やよい塾」の両方に参加してくださっていますが、今の活動への期待とか提案とか、ありませんか。

遺跡の見せ方

滝沢　個人的には、望むことはいろいろあります。まず、洞ノ原の先端から見る眺望の素晴らしさは、妻木晩田の魅力の一つだと思います。それはいいのですが、あの先端に復元された掘立柱建物は、風で吹き飛ばされないようにワイヤーで固定して建っていますよね。弥生時代には、あんなワイヤーはなかったわけですから、あの建物はそれほどの強風を受けていなかったのではないか。つまり、あの壕のまわりは森だったから、いまみたいに強風を受けなかったということではないですか。そういう景色が再現できたら面白いのではないのかなと思っています。

それと、妻木晩田の洞ノ原で、初めて小さな四隅突出墓が出てきましたよね。あれも、もっとアピールしたらどうかと思います。勉強不足もあるのですけども、あれは有力者の子どもだとパンフレットには書いてありますけども、いま大河ドラマの「篤姫」を見ていても、江戸時代はまともに育つ子どもが少ないから、子どもがたくさんいるわけですね。たぶん弥生時代にも、たくさんいたのではないのかと思います。そうすると、その中の子どもから、あの小さい四隅突出墓に葬るべき子どもを選ぶことができたのかどうか。甚だ疑問ではないかと思います。そうしたら小さい四隅は何なのか。スクナヒコの墓だったら面白いのになとか、思ったりしているのです。

そういうバカな発想とか、なかなかこういう公式な場で大先生に質問しても一蹴されてしまいそうな思い付きを、もっと若い人たち、学芸員さんとか、そういう人達とオフレコで話せる、そういうサークル系のノリみたいな活動ができたら、もっと参加する人も気楽にできるのではないか。そういうことに、活動が発展すればいいかなと思っています。

司会　ありがとうございました。では、砂口さん、お願いします。

ガイドからの要望

砂口　私は遺跡でガイドをやっています。ガイドを終わって事務所のところに帰って「大変お疲れさまでした」と言いますとね。「今日はガイドさんについてもらって楽しかった、ガイドさんがいなかったら、ただ山を見て帰るだけだった」と言われるお客さんがたくさんあります。しかし、ガイドを希望されるお客さんは、少ないです。カップルなどは自分勝手に行って、景色を眺めて帰ってくる。そういう人の意見をちょっと聞いてみたいなという気がします。

提案させてもらうなら、もう少し案内掲示を充実させてほしいです。また、遺跡の方も、たとえば洞ノ原にも、もっとたくさんの掘立柱建物や竪穴住居が残っていたはずなのですが、それが一面の芝生になってしまって、なだらかな山になっています。あそこに「ここには竪穴住居があった」という、地表で見てわかるような表示をつくって、昔の面影が想像できるような残し方をしてほしいという気がします。

それから、ガイドをする中で、たくさんの知り合いができました。この前も四〇代か五〇代の女性が一人で来られて、案内しました。遺跡を歩きながら、植物の話をして、「これがアケビです」と言ったら、「実は、私は東京でこういう籠を作っているんですよ」とおっしゃったのです。聞いてみたら、青谷上寺地遺跡から発掘された籠を復元して作られた本間一恵さんでした。東京でバスケタリーというグループを作っておられて、全国的に活躍していらっしゃる方です。そういう方と、偶然知り合いになれました。

また最近の話ですが、妻木晩田の洞ノ原の入り口には、春先にきれいな花が咲く樹木がいろいろあります。その時のガイドでは、クロモジの話をしました。「春先にはこういう花が咲きますよ」と、私が撮ったクロモジの花の写真をお見せしながらお話しました。すると、「実は私は、大阪でクロモジの箸と楊枝を作っているのです」というご夫妻がいらっしゃいました。八田商店というお店の社長さんで、後ほど本当にきれいな爪楊枝を送ってくださいました。その爪楊枝は、一本一本の油紙に歌が書いてあるのです。開いてみるとその歌が全部違う歌で、非常に面白かった。クロモジの箸も非常に香りがよくて、本当にいい箸でした。そんなふうに、妻木晩田のおかげで、いろいろな知り合いができて、ほんとに楽しいなと思っております。

「歩く会」では、今度は洞ノ原を中心にした植物マップを作ることになっています。今日もこの会場に「歩く会」のメンバーがたくさん来ています。その方々と一緒にマップを作ります。また、焼けた竪穴住居が復元される予定ですが、その中に弥生土器を入れることになっていまして、いま「土器作りの会」でその土器を作っているところです。

こうして、「やよい塾」に始まって、「ガイドの会」、「歩く会」、「土器作りの会」と、どんどん妻木晩田にハマっていきまして、忙しいことです。

本当に妻木晩田は楽しいところです。何回でも足を運んでいただきたいと思います。その節には、一生懸命ガイドを務めさせていただきます。皆さん方に喜んでいただけるような、ロマンを感じていただけるようなガイドをしていきたいと思っていますので、どうかよろしくお願いします。

司会　ありがとうございます。植物観察、ガイド、土器づくりと、本当に妻木晩田を堪能しておられ、またそのことが来訪者に感謝されるというのは、幸せなことですね。金関先生や坂田先生のお話もありましたように、どこの自治体も財政的に厳しい時代ですから、市民のサポートがこれからますます大事になってくると思います。

今日、皆さんのいろいろなご意見やご提言をうかがって、私達「むきばんだ応援団」も、ますます頑張らなきゃいけないという思いを新たにしました。最後に、金関先生と中川先生にお伺いしたいことは、まず、先生方が最初に妻木晩田に来られた時の印象をちょっと一言、聞かせていただけたらと思います。そして、市民のサポートのあり方について、これからの私達の活動に対するサジェスチョンをいただけたらと思います。金関先生、よろしいでしょうか。

世界の歴史に残る遺跡

金関　今日はつまらない話をお聞かせして、いま後悔しているところです。どうも、すみませんでした（笑）。

まず、妻木晩田に立った時の印象ですけれども、私はたくさんの遺跡に立って、本当に凄いなと思ったことは何度もあります。けれども、もう既に発掘が進行していて、その状況を見て、こんなものを壊させてなるものかと思ったのは、吉野ヶ里遺跡です。吉野ヶ里遺跡へ行きました時には、もう既に工業団地のためにブルドーザーを入れる一月ちょっと前でしたね。行ったらもう本当に見渡す限り発掘が進んでおりまして、たくさんの遺構が出ていた。

「こんな遺跡を掘ることができて、あなた達は幸せではないか」と言ったら、七田さんをはじめ調査員がみんな暗い顔をしているのです。実は、ここは来月にはブルドーザーが入って壊されるのだと言う。それを聞いて、こんな遺跡を壊してなるものかと思いました。しかし、私は何にもできないので、そういう時に頼むのは佐原さんです。佐原さんに、「あんな遺跡を壊したら、あんたが悪いよ。あんたの責任だよ」と言いました（笑）。そうしたら、何でか知らんけど、彼は興奮して飛んできてくれて、それから上手に上手に考えてね。邪馬台国時代のクニの遺跡とかいうのをキャッチフレーズにして、世間の注目を集め、遺跡を残してくれました。

そういうふうに、一目見て凄いという印象を受けたという遺跡は少ないのですけど、妻木晩田は逆に、これは本当に、国の史跡に指定して残すだけのものがあるのかないのか、とっても不安でね。うまくいくかなということは思っていました。だけど、やはり預言者のような女王がおられまして（笑）、この下にはまだまだ貴重な遺構がたくさんあるのだということで、一般の人に訴えかけていただいて、残ったということです。

ただ、あまりにも広い。もしもこの全体が弥生の遺跡であるとしたら、これは面積から言って大変な広がりをもっている。しかも試掘で調べると、弥生後期の初め頃からもう終わりまで、割合短い期間ですけれど、ずっと連綿と続いている。山の上の遺構というのは、割合短い期間で終わるのが多いのですが、もしこれがそんなに長い継続期間をもったムラの営みであるとすれば、これはまさにある意味では、アジアの歴史の上でも、世界史の上でも残るようなものではないかな。ちょうどイスラエルの調査をしていた時ですから、イスラエルのテルなどは、やはり長い期間ずっと同じところに場所を占めてムラが続いていますので、そんな感じも持ちました。そんなことでよろしいですか。

司会　「世界の歴史に残る」とおっしゃっていただきました。ありがとうございます。世界史に残る妻木晩田を目指して、私達もサポートしていきたいと思います。

中川先生、考古学はご専門ではありませんが、先生がお得意な市民活動とかまちづくり、NPO等々の立場からのメッセージということで、一言お願いします。

文化施設を維持するさまざまな方法

中川　私は生粋のナニワっ子で、銭金でものを考えてしまう癖がありますが、佐古先生に初めて妻木晩田にご案内いただいた時に、呆気に取られました。もの凄い広大な遺跡ではないかと、感動しました。それとともに、勿体ないなという気がしました。あれだけ広い場所に観光バスがとまるとしたら、何台とめられるやろと、僕は計算し始めたんですね。一日何台か入れ替わって小中学生や高校生が来たら、ここでこれだけのお金が落ちる。そうすると、このお土産物屋さんは三倍ぐらい大きくせなあかんな、とかね（笑）。こんなことを考えておったわけです。

そんなこと言って！とお怒りにならないでいただきたいのですが、観光に利用するというのは、私は悪いことだとは思っていません。観光は、もっとも優れた、尊敬されるべき産業だと思っています。なぜかと言いますと、観光というのは、国の光を観るというところから来ているのです。国の光なのです。昔の国の光も、味わわせてもらいたい。それは、やはり自分たちのアイデンティティー、歴史なのです。自分の根源を知りたいという基本的な人間の欲求に根ざしているわけです。

だから、誰もが歴史は好きなんですよ。歴史を好きでない国民なんて、すぐ滅びますよね。これは、とても大事な私達の本能と言ってもいいと思います。ですから、不思議と、人はそこへ惹き寄せられる。だから、観光というのは人間の憧れ、癒やし、慰め、それと発見です。それがうまく組み合わさった時に、爆発的な吸引力を発揮します。そういう意味で、妻木晩田遺跡はすごい産業起爆力があるぞと、私は見ていたわけです。

そういう観点から、次をどう考えたらいいかということですが、やはりお金が要るなと思います。それでいろいろ考えましたが、企業にメセナで応援してもらう方法はないだろうかと。昔の神社とかお寺で奉納したら、「金壱百万円也」などの札が立っていますよね。あるいは石碑を建てますよね。お伊勢さんの参道にもあります。ああいうふうなことは、考えられないかなと。たとえば遺跡の案内板を立ててもらって、その下の方に「提供・株式会社パナソニック」とか、「寄贈・株式会社日本海新聞」とか明記する。そんなふうにして、いろいろ企業に助けてもらう方法もあるのではないかという気がしました。これは、もっと企業が露出してきても構わない施設だと思います。県民財産というだけではなくて、国民財産ですからね。

それともう一つ、アイデアとして思ったのは、いま穴だけになっているところにもう少しお金をかけて、正しい復元をして、一〇〇軒ぐらいの建物が連なっている姿を見せれば、国民は絶対にびっくりするでしょう。だから、何とかお金をかけて、元通りの村の風景を復元するほどの建物があればなと思います。それで、竪穴住居を一軒建てるのにどれくらいかかるかと佐古先生に聞きましたら、七、八百万ぐらいだろうと聞いて、すごい金かかるんやなと思いました。

それで、また知恵を絞りました。いい方法があると思ったのは、ふるさと納税制度です。県外に出て行かれている皆様のお知り合いの有力者あるいは企業人等に手紙を出して、妻木晩田のためにふるさと納税をして欲しいとお願いをする。このためにといって運動を起こされるのも一つの方法かもしれません。僕は、それならば乗ってくれそうな気がします。

ただし、せっかくしたことが、その場限りで消えてしまうということではつまらない。だから、それをやってくださった方々の名前を、たとえこんな小さいプレートでもいいから、どこかへ打ち込む。そうすると、人間は喜ぶ。これを私が見つけたのは、司馬遼太郎記念館です。たとえ一万円の寄附であっても、きちんと一センチの幅のプレートに名前が打ち込まれている。それだけで、ずっと名前が残るのです。そういうのが無限に続いたら、どうするねん?という心配はありますけども（笑）、やってみるのも方法かなと。つまり無名の投資じゃなくて、有名の投資にするということによって、人はそこに思いを刻み込みます。それが今のところ私の考えている大阪人としてのアイデアです。

妻木晩田遺跡を訪れた印象としますと、洞ノ原地区の墳墓群からもう少し下った方の丘から弓が浜半島が見えますよね。あれは、ものすごい絶景ですね。あそこで海を見て、ああ古代の人はこういうふうな景色を見ながら生きてたのかと思って一休みするような場所をうまく整備すれば、もっとここは楽しい場所になるという気がしました。

それから、反対側の山の奥の方、妻木山地区へ連れて行ってもらったのですけれど、夏はもう暑くて、僕みたいに直射日光に弱い頭を持ってる人間は(笑)、一時間もおると干物になるような恐怖を感じました。なので、日よけの場所が欲しいということも感じました。つまらんことばっかり言って、すみません。

司会　貴重なご意見を、どうもありがとうございました。

今日は、金関先生には、弥生博がまだ大変な時期であるにも関わらず、朝早くからこちらの方にお出ましいただきまして、久しぶりに先生の楽しく中身の濃いお話を拝聴させていただき、また金関先生と一緒に佐原先生を偲ぶことができ、大変嬉しく思いました。きっと佐原先生もこの部屋に来ておられ、隅っこの方でニコニコしながら聞いていてくださったのではないかと思います。また中川先生からも、いろいろと新しい教えを請うことができ、遺跡は地域経済を活性化するということで、大変勇気づけられました。金関先生、中川先生、どうもありがとうございました。

パネリストをお願いした塾生の皆さん、会場の塾生の皆さん、どうもありがとうございました。塾生の皆さんからも貴重なお話をうかがい、多くの気づきをいただきました。こういう時間をもててよかったと思います。

ご来場の一般の皆さまも、長時間にわたりまして、おつきあいいただき、ありがとうございました。下手な司会で、すみませんでした。これで終わらせていただきます。

（九期　二〇〇八年七月）

むきばんだやよい塾・講座一覧

第１期　1999年10月～2000年９月

	月	演　題	講師	所　属
1	10	「考古学の楽しさ、おもしろさ」	佐原　眞氏	国立歴史民俗博物館館長
2	11	現地見学：妻木晩田遺跡	岩田文章氏	淀江町教育委員会
3	12	「妻木晩田遺跡について」	田中弘道氏	鳥取県文化課課長
4	1	「弥生時代のムラとクニ」	藤田憲司氏	大阪府文化財調査研究センター北部事務所所長
5	2	「弥生社会と妻木晩田遺跡」	金関　恕氏	むきばんだやよい塾塾長、大阪府立弥生文化博物館館長
6	3	「妻木晩田遺跡について」	佐古和枝氏	むきばんだ応援団副団長、関西外国語大学助教授
7	4	「どっぷり『四隅突出型』の世界に浸る」	渡辺貞幸氏	島根大学教授
8	5	現地見学：妻木晩田遺跡	佐古和枝氏	むきばんだ応援団副団長、関西外国語大学助教授
9	6	「日本海文化と古代史」	門脇禎二氏	京都橘女子大学教授
10	7	「古代の絵の文法」	佐原　眞氏	国立歴史民俗博物館館長
11	8	「鉄の話」	藤田憲司氏	大阪府文化財調査研究センター北部事務所所長
12	9	「遺跡活用における行政の役割、市民の役割」	岡村道雄氏	文化庁記念物課主任調査官

第２期　2000年10月～2001年９月

	月	演　題	講師	所　属
1	10	「ようこそ考古学の世界へ」	佐古和枝氏	むきばんだ応援団副団長、関西外国語大学助教授
2	11	現地見学：妻木晩田遺跡	佐古和枝氏	むきばんだ応援団副団長、関西外国語大学助教授
3	12	「弥生時代の出雲」	松本岩雄氏	島根県埋蔵文化財センター課長
4	1	「卑弥呼はどんな言葉を話したか」	森　博達氏	京都産業大学教授
5	2	「弥生人の精神世界」	高島忠平氏	佐賀女子大学教授
6	3	「発掘から分かること」	八賀　晋氏	三重大学名誉教授
7	4	「弥生人の道具箱」	藤田憲司氏	大阪府文化財調査研究センター中部調査事務所所長
8	5	「妻木晩田遺跡をとりまく遺跡たち」	佐古和枝氏	むきばんだ応援団副団長、関西外国語大学助教授
9	6	「土器の話」	佐古和枝氏	むきばんだ応援団副団長、関西外国語大学助教授
10	7	「石器からみた弥生社会」	禰宜田佳男氏	文化庁記念物課
11	8	「私達にとっての遺跡～吉野ケ里から」	納富敏雄氏	佐賀県教育委員会

12	8	記念企画「考古学今昔物語」	坪井清足氏	大阪文化財センター理事長
			佐原　眞氏	国立歴史民俗博物館館長
			金関　恕氏	むきばんだやよい塾塾長、大阪府立弥生文化博物館館長
12	9	記念企画「考古ボーイ70年」	坪井清足氏	大阪文化財センター理事長
			佐原　眞氏	国立歴史民俗博物館館長
			金関　恕氏	むきばんだやよい塾塾長、大阪府立弥生文化博物館館長

第３期　2002年度

	月	演　　題	講師	所　　属
1	4	「弥生時代にタイムスリップ！」	佐古和枝氏	むきばんだ応援団副団長、関西外国語大学助教授
2	5	現地見学：妻木晩田遺跡	佐古和枝氏	むきばんだ応援団副団長、関西外国語大学助教授
3	6	「弥生の青銅器マツリ」	佐古和枝氏	むきばんだ応援団副団長、関西外国語大学助教授
4	7	「四隅突出墓をみなおす」	藤田憲司氏	大阪府文化財調査研究センター中部調査事務所所長
5	8	「考古学からみた日本海交流」	佐古和枝氏	むきばんだ応援団副団長、関西外国語大学助教授
6	9	「むきばんだ物語」	佐古和枝氏	むきばんだ応援団副団長、関西外国語大学助教授
7	10	「３世紀の日本海と大和」	石野博信氏	徳島文理大学教授
8	11	公開講座「民族文化の形成と日本海文化」	門脇禎二氏	元京都府立大学学長
9	12	「誰も知らない板付遺跡」	山崎純男氏	福岡市文化財保護課課長
9	12	「バトル！縄文V.S弥生」	藤田憲司氏	大阪府文化財調査研究センター
			山崎純男氏	福岡市文化財保護課課長
			岡村道雄氏	奈良文化財研究所
10	1	「山陰のガラス職人たち」	平野芳英氏	八雲立つ風土記の丘資料館
11	2	「妻木晩田、その後」	藤田憲司氏	大阪府文化財調査研究センター中部調査事務所所長
12	3	「世界のなかの弥生文化」	金関　恕氏	むきばんだやよい塾塾長、大阪府立弥生文化博物館館長

第４期　2003年度

	月	演　　題	講師	所　　属
1	4	「妻木晩田遺跡の楽しみ方」	佐古和枝氏	むきばんだ応援団副団長、関西外国語大学助教授
2	5	「考古学で語る日韓交流～山陰を中心に」	西谷　正氏	九州大学名誉教授

3	6	「考古学からみた韓半島と山陰」	申　敬澈氏	釜山大学教授
4	7	「山陰の前期古墳について」	山本三郎氏	兵庫県教育委員会
5	8	「古代遺跡の保存方法」	沢田正昭氏	筑波大学教授
6	9	「福市・青木遺跡の再評価」	清水真一氏	桜井市教育委員会
7	10	「木簡で語る古代の日本海地域」	狩野　久氏	奈良文化財研究所名誉研究員
8	11	「弥生時代研究の歩み～登呂遺跡から妻木晩田・青谷上寺地まで」	大塚初重氏	明治大学名誉教授
9	12	「トイレの話」	山崎純男氏	福岡市文化財保護課課長
			藤田憲司氏	大阪府文化財センター中部事務所所長
			岡村道雄氏	奈良文化財研究所
10	1	「山陰の後期古墳」	藤田憲司氏	大阪府文化財調査研究センター南部調査事務所所長
11	2	「上淀廃寺について」	佐古和枝氏	むきばんだ応援団副団長、関西外国語大学助教授
12	3	「祭と祈りの考古学」	金関　恕氏	むきばんだやよい塾塾長、大阪府立弥生文化博物館館長

第５期　2004年度

	月	演　題	講師	所　属
1	4	「妻木晩田遺跡を考える」	藤田憲司氏	大阪府文化財センター南部事務所所長
2	5	「古墳前期の日韓交流」	柳本照男氏	豊中市教育委員会主任学芸員
3	6	「米子市周辺の弥生遺跡について」	杉谷愛象氏	米子市教育委員会
4	7	５周年記念　考古学今昔物語第４話「山陰の古代を描き出す妻木晩田遺跡」	坪井清足氏	大阪文化財センター理事長
			門脇禎二氏	京都橘女子大学教授
			金関　恕氏	むきばんだやよい塾塾長、大阪府立弥生文化博物館館長
5	8	「日本列島における農耕開始についての新視点」	山崎純男氏	福岡市文化財部部長
6	9	「山陰の鉄生産」	河瀬正利氏	広島大学名誉教授
7	10	「妻木晩田遺跡周辺の古墳の話」	和田晴吾氏	立命館大学教授
8	11	「木簡で語る日本海域Ⅱ」	狩野　久氏	奈良文化財研究所名誉研究員
9	1	「瀬戸内と山陰の弥生文化」	下條信行氏	愛媛大学教授
10	2	「北部九州と山陰の弥生文化」	高倉洋彰氏	西南大学教授
11	3	「遺跡を楽しむ！」	岡村道雄氏	奈良文化財研究所平城宮跡調査部長

第６期　2005年度

	月	演　　題	講師	所　　属
1	4	「ようこそ妻木晩田遺跡へ」	佐古和枝氏	むきばんだ応援団副団長、関西外国語大学助教授
2	5	「百済と倭の古墳文化～武寧王陵を中心に」	権　五栄氏	韓神大学副教授
3	6	「弥生土器の話～山陰を中心に」	藤田憲司氏	大阪府文化財センター南部事務所所長
4	7	「古代壁画保存の在り方－キトラ古墳の保存と公開－」	沢田正昭氏	筑波大学教授、キトラ古墳保存活用検討委員
5	8	「弥生時代の環濠集落と高地性集落」	伊藤　実氏	広島県教育事業団埋蔵文化財調査室
6	9	「古鏡を語る」	藤丸詔八郎氏	北九州市自然史・歴史博物館特別研究員
7	10	「木簡で語る日本海域③」	狩野　久氏	奈良文化財研究所名誉研究員
8	11	「弥生時代の魚の世界～山陰と畿内」	深澤芳樹氏	奈良文化財研究所平城宮跡発掘調査部考古第三調査室長
9	12	「山陰の縄文文化」	久保譲二郎氏	鳥取県妻木晩田遺跡調査事務所所長
10	1	「たたらの守り神～女神信仰の系譜」	三宅博士氏	安来市教育委員会
11	2	「磐井の乱と米子平野」	内田律雄氏	島根県埋蔵文化財センター
12	3	「弥生音楽の源」	金関　恕氏	むきばんだやよい塾塾長、大阪府立弥生文化博物館館長

第７期　2006年度

	月	演　　題	講師	所　　属
1	4	「妻木晩田遺跡について」	河合章行氏	鳥取県妻木晩田遺跡事務所
2	5	「上淀廃寺の最新情報～発掘現場から」	岩田文章氏	米子市教育委員会
3	6	「出雲神話からみた西伯耆」	関　和彦氏	共立女子学園共立女子第二高等学校校長・國學院大學兼任講師
4	7	「武寧王とその時代」	永島暉臣慎氏	NPO国際文化財研究所所長
5	8	「大山と山麓の文化～北九州の影響」	杉本良巳氏	山陰歴史館館長
6	9	「米子の考古学あれこれ」	下高瑞哉氏	米子市教育委員会
7	10	「山陰の終末期古墳から古墳時代を考える」	森本　徹氏	大阪府文化財センター
8	11	「弥生人が残した一枚の板～大陸から弥生文化をみる」	深澤芳樹氏	奈良文化財研究所上席研究員
9	12	「弥生土器の年代を考える」	藤田憲司氏	大阪府文化財センター南部事務所所長
10	1	「吉野ケ里と邪馬台国」	七田忠昭氏	佐賀県教育委員会
11	2	「西谷墳墓群の最新情報～発掘現場から」	坂本豊治氏	出雲市教育委員会
12	3	「埼玉稲荷山古墳の鉄剣銘文を読む」	狩野　久氏	奈良文化財研究所名誉研究員

第８期　2007年度

	月	演　　題	講師	所　　属
1	4	「妻木晩田遺跡の最新情報」	岡野雅則氏	鳥取県妻木晩田遺跡事務所
2	5	「来て！見て！福市考古資料館」	伊藤　創氏	山陰歴史館
3	6	「出雲学事始め～国譲り考」	藤岡大拙氏	荒神谷資料館館長
4	7	「山陰における玉文化の始まりと玉作りの展開－縄文～弥生時代を中心に」	米田克彦氏	島根県埋蔵文化財センター
5	8	「弥生時代の米子平野～ムラの風景と展開」	小原貴樹氏	米子市教育委員会
6	9	「黒耀石を追い求めて」	大竹幸恵氏	長野県長和町黒耀石体験ミュージアム
7	10	「原三国時代の集落と墳墓」	金　武重氏	韓国考古環境研究所研究室長
8	11	「弥生時代の山陰と北陸」	佐古和枝氏	むきばんだ応援団副団長、関西外国語大学教授
9	12	「虹の旗の船」	深澤芳樹氏	奈良文化財研究所都城発掘調査部考古第三研究室長
10	1	「古墳時代の米子平野～後期群集墳をめぐって」	小原貴樹氏	米子市教育委員会
11	2	「弥生時代の漁労民」	内田律雄氏	島根県埋蔵文化財センター
12	3	「山陰の石棺について」	藤田憲司氏	大阪府立近つ飛鳥博物館副館長

第９期　2008年度

	月	演　　題	講師	所　　属
1	4	「発掘調査からみた妻木晩田遺跡」	玉本秀幸氏	鳥取県妻木晩田遺跡事務所
2	5	「出雲の青銅器と四隅突出墓」	ト部吉博氏	島根県文化財課長・島根県埋蔵文化財センター所長
3	6	「韓国南海岸の古墳について」	柳本照男氏	国際文化財研究センター
4	7	「語り継ぎたい妻木晩田遺跡保存の意義～遺跡・博物館はなぜ大切か」	金関　恕氏	むきばんだやよい塾塾長、大阪府立弥生文化博物館館長
5	8	「破鏡の話～中・四国地方を中心に」	君島俊之氏	鳥取県妻木晩田遺跡事務所
6	9	「東アジアのなかの山陰～縄文・弥生文化を中心に」	甲元眞之氏	熊本大学教授
7	10	「古代の地名の意味から歴史を考える」	狩野　久氏	奈良文化財研究所名誉研究員
8	11	「弥生時代のオトコの装い」	深澤芳樹氏	奈良文化財研究所都城発掘調査部考古第三研究室長
9	12	「北陸から東北の弥生文化―日本海が運ぶ情報・技術・物資」	石川日出志氏	明治大学教授
10	1	「山陰の横穴式石室について」	佐古和枝氏	むきばんだ応援団副団長、関西外国語大学教授
11	2	「米子の砂丘遺跡―こんなところにも遺跡が…」	下高瑞也氏	米子市教育委員会
12	3	「四隅突出型墳丘墓と出雲」	藤田憲司氏	大阪府立近つ飛鳥博物館副館長

第10期　2009年度

	月	演　　題	講師	所　　属
1	4	「入門講座Ⅰ　倭人伝と考古学①」	佐古和枝氏	むきばんだ応援団副団長、関西外国語大学教授
2	5	「入門講座Ⅰ　倭人伝と考古学②」	佐古和枝氏	むきばんだ応援団副団長、関西外国語大学教授
3	6	「入門講座Ⅰ　倭人伝と考古学③」	佐古和枝氏	むきばんだ応援団副団長、関西外国語大学教授
4	7	「邪馬台国を考える～大阪府高槻市安満宮山３号墳を中心に」	森田克行氏	高槻市教育委員会
5	8	「墳墓からみた韓国・九州・畿内」	柳本照男氏	国際文化財研究センター
6	9	「『魏志』倭人伝をどう読むか～文献史学の立場から」	狩野　久氏	奈良文化財研究所名誉研究員
7	10	「邪馬台国を考える～博多湾沿岸の遺跡を中心に」	森本幹彦氏	福岡市教育委員会
8	11	「邪馬台国を考える～九州から」	常松幹雄氏	福岡市教育委員会
9	12	「邪馬台国時代のとっとり～妻木晩田遺跡・青谷上寺地遺跡など」	君嶋俊行氏	鳥取県埋蔵文化財センター
10	1	「邪馬台国を考える～山陰の視点で」	藤田憲司氏	元大阪府立近つ飛鳥博物館副館長
11	2	「邪馬台国を考える～大和から」	寺沢　薫氏	奈良県立橿原考古学研究所
12	3	座談会「女王卑弥呼と邪馬台国」	永島暉臣慎、山崎純男、藤田憲司、山本三郎ほか	

第11期　2010年度

	月	演　　題	講師	所　　属
1	4	「入門講座　古代山陰の個性と力～弥生・古墳時代を中心に」	佐古和枝氏	むきばんだ応援団副団長、関西外国語大学教授
2	5	「箸墓は卑弥呼の墓か」	藤田憲司氏	元大阪府立近つ飛鳥博物館副館長
3	6	「東アジアにおける日本の旧石器文化～出雲市砂原遺跡の発掘成果から」	松藤和人氏	同志社大学教授
4	7	「出雲学へのいざない」	藤岡大拙氏	島根県立島根女子短期大学名誉教授
5	8	「韓国・江原道の遺跡」	柳本照男氏	国際文化財研究センター
6	9	「続「『魏志』倭人伝をどう読むか」	狩野　久氏	奈良文化財研究所名誉研究員
7	10	「邪馬台国の条件」	高島忠平氏	佐賀県立女子大学学長
8	11	「くれないはうつろふもの」	深澤芳樹氏	奈良文化財研究所都城発掘調査部長
9	12	「邪馬台国時代の山陰」	内田律雄氏	島根県埋蔵文化財センター
10	1	「人骨が語る古代～山陰に暮らす私たちのルーツ」	井上貴央氏	鳥取大学医学部長・形態解析学

11	2	「"日本人"とは何か～考古学・古代史から」	佐古和枝氏	むきばんだ応援団副団長、関西外国語大学教授
12	3	「邪馬台国と吉備」	藤田憲司氏	元大阪府立近つ飛鳥博物館副館長

第12期　2011年度

	月	演　　題	講師	所　　属
1	4	「ようこそ、考古学の世界へ」	佐古和枝氏	むきばんだ応援団副団長、関西外国語大学教授
2	5	「瀬戸内から妻木晩田遺跡を考える」	山本三郎氏	元兵庫県教育委員会
3	6	「縄文時代の"海の幸・山の幸"」	山崎純男氏	元福岡市文化財部長
4	7	「邪馬台国時代の紀伊」	冨加見泰彦氏	元和歌山県教育委員会
5	8	「巨大墳墓築造期の大和・瀬戸内・山陰」	藤田憲司氏	元大阪府立近つ飛鳥博物館副館長
6	9	「神話からよみとく古代出雲」	狩野　久氏	奈良文化財研究所名誉研究員
7	10	公開講座「邪馬台国と女王卑弥呼」	金関　恕氏	むきばんだやよい塾塾長、大阪府立弥生文化博物館館長
8	11	「記紀神話の中の米子─伯耆国風土記の復元─」	内田律雄氏	島根県埋蔵文化財センター
9	12	「邪馬台国時代の南西諸島～貝で装う種子島広田遺跡の弥生人たち」	石堂和博氏	南種子町教育委員会
10	1	「弥生時代の吉備と山陰」	平井典子氏	総社市教育委員会
11	2	「谷から考える荒神谷遺跡」	平野芳英氏	荒神谷博物館主任学芸員
12	3	「石剣の話」	深澤芳樹氏	奈良文化財研究所発掘調査部長

第13期　2012年度

	月	演　　題	講師	所　　属
1	4	「記紀歌謡からうかがえる弥生の祭り」	金関　恕氏	むきばんだやよい塾塾長、大阪府立弥生文化博物館館長
2	5	「銅鐸の話」	佐古和枝氏	むきばんだ応援団副団長、関西外国語大学教授
3	6	「銅鐸作りはおもしろい～師匠は弥生人」	小泉武寛氏	青銅器工房和銅寛代表
4	7	「鏡と葬送儀礼」	藤田憲司氏	元大阪府立近つ飛鳥博物館副館長
5	8	「古事記を発掘する」	深澤芳樹氏	奈良文化財研究所副所長
6	9	「古事記をよむ」	狩野　久氏	奈良文化財研究所名誉研究員
7	10	「なぜ出雲に神話が残っているのか」	藤岡大拙氏	荒神谷資料館館長、NPO法人出雲学研究所理事長
8	11	特別公開講座「いろどり古事記」	中山千夏氏	
9	12	「八雲立つ出雲～復元音で読む古事記」	森　博達氏	京都産業大学教授
10	1	「4～6世紀の日朝関係」	柳本照男氏	韓国東洋大学教授
11	2	「邪馬台国時代の山陰」	内田律雄氏	島根県埋蔵文化財センター
12	3	「狩野先生を囲んで」	狩野　久氏	奈良文化財研究所名誉研究員

第14期　2013年度

	月	演　　題	講師	所　　属
1	4	「青銅器時代と弥生文化」	金関　恕氏	むきばんだやよい塾塾長、大阪府立弥生文化博物館館長
2	5	「妻木晩田遺跡～墳墓域の調査成果について」	陶澤真梨子氏	鳥取県文化財主事
3	6	「古墳時代の吉備～なぜ吉備に巨大古墳が造られたか」	平井典子氏	総社市教育委員会
4	7	「弥生水田から古墳時代の始まりを考える」	森本　徹氏	大阪府立近つ飛鳥博物館
5	8	「出雲大社の創始と遷宮」	松本岩雄氏	島根県教育庁文化財専門官
6	9	「弥生時代の丹後について」	河森一浩氏	宮津市教育委員会
7	10	「三角縁神獣鏡の謎～国産説の立場から」	玉城一枝氏	奈良県立芸術短期大学非常勤講師
8	11	「纏向遺跡の木面は語る」	深澤芳樹氏	元奈良文化財研究所副所長
9	12	「伊都国の最新情報～日本海沿交流」	岡部裕俊氏	前原市教育委員会
10	1	「倭韓の鏡文化と三角縁神獣鏡」	藤田憲司氏	韓国高麗大学研究教授、元大阪府立近つ飛鳥博物館副館長
11	2	「狗奴国と女王卑弥呼」	佐古和枝氏	むきばんだ応援団副団長、関西外国語大学教授
12	3	「古代史の醍醐味」雪のためサコ代役	狩野　久氏	奈良文化財研究所名誉研究員

第15期　2014年度

	月	演　　題	講師	所　　属
1	4	「妻木晩田遺跡について～発見から今日まで」	佐古和枝氏	むきばんだ応援団副団長、関西外国語大学教授
2	5	現地見学：妻木晩田遺跡	佐古和枝氏	むきばんだ応援団副団長、関西外国語大学教授
3	6	「蛇がつなぐ縄文時代の日本海交流」	山崎純男氏	韓国・高麗大学研究教授、元福岡市文化財部長
4	7	サハラ記念日特別座談会「あの時、あの頃のこと」	工楽善通氏	大阪府立狭山池博物館館長
			狩野　久氏	むきばんだやよい塾塾長、奈良文化財研究所名誉研究員
5	8	「古墳時代の儀礼にみる山陰と近畿」	森本　徹氏	大阪府立近つ飛鳥博物館学芸課長
6	9	「北から見た日本～倭国の果てから」	福島雅儀氏	鳥取県文化財主事、元福島県文化財センター
7	10	「山陰と邪馬台国」	高橋　徹氏	元大分市教育委員会
8	11	「四分遺跡でなにが起きたか」	深澤芳樹氏	元奈良文化財研究所副所長
9	12	「富山県における四隅突出型墳丘墓の出現と展開」	藤田富士夫氏	元富山市埋蔵文化財センター所長
10	1	「韓国からみた山陰～弥生時代の墓制をめぐって」	藤田憲司氏	韓国高麗大学研究教授、元大阪府立近つ飛鳥博物館副館長
11	2	「出雲の玉作りと出雲国風土記」	三宅博士氏	松江市立玉造資料館館長
12	3	「桃の話」	深澤芳樹氏	天理大学客員教授

第16期　2015年度

	月	演　　題	講師	所　　属
1	4	「律令国郡制について」	狩野　久氏	むきばんだやよい塾塾長、奈良文化財研究所名誉研究員
2	5	「妻木晩田遺跡と弥生時代の山陰」	佐古和枝氏	むきばんだ応援団副団長、関西外国語大学教授
3	6	「山陰の古代と出土鏡」	高橋　徹氏	元大分市教育委員会
4	7	「北陸・弥生・ものづくり」	下濱貴子氏	小松市教育委員会
5	8	「上淀廃寺について」	佐古和枝氏	関西外国語大学教授
6	9	「お米作りと弥生の農村」	工楽善通氏	大阪府立狭山池博物館館長
7	10	「古代諸相から探る伊勢・出雲の造営相貌」	千家和比古氏	出雲大社
8	11	「遺跡の道陰田6001年」	杉谷愛像氏	米子市教育委員会
9	12	「考古学からみた伊勢神宮」	穂積裕昌氏	三重県斎宮歴史博物館
10	1	「考古学からみた瀬戸内世界」	藤田憲司氏	韓国忠北大学非常勤講師、元大阪府立近つ飛鳥博物館副館長
11	2	「出土文字資料からみた古代の伯耆・出雲～『出雲国風土記』が語らなかった世界」	高橋　周氏	出雲弥生の森博物館
12	3	「文化はいまに生きる」	深澤芳樹氏	天理大学客員教授

第17期　2016年度

	月	演　　題	講師	所　　属
1	4	「妻木晩田遺跡仙谷８号墓の謎」	長尾かおり氏	鳥取県むきばんだ史跡公園　文化財主事
2	5	「古墳時代の日韓関係」	柳本照男氏	大阪大学非常勤講師
3	6	「私が考えた弥生（都市）論の是非」	秋山浩三氏	大阪府立弥生文化博物館副館長
4	7	対談「歴史よもやま話」	狩野　久氏	むきばんだやよい塾塾長、奈良文化財研究所名誉研究員
			藤岡大拙氏	NPO法人出雲学研究所理事長
5	8	現地見学「大山寺僧房跡」	西尾秀道氏	大山町教育委員会
6	9	「日本海沿岸地域の木工文化」	工楽善通氏	大阪府立狭山池博物館館長
7	10	「鉄の話」	高尾浩司氏	鳥取県むきばんだ史跡公園
8	11	「卑弥呼と女性首長」	清家　章氏	岡山大学教授
9	12	「南部町普段寺古墳群の発掘成果から」	高田健一氏	鳥取大学准教授
10	1	「考古学の醍醐味」	深澤芳樹氏	天理大学客員教授
11	2	「弥生時代並行期の韓国の集落遺跡について」	藤田憲司氏	元大阪府立近つ飛鳥博物館副館長
12	3	「飛鳥・藤原京の遺跡を掘って」	狩野　久氏	むきばんだやよい塾塾長、奈良文化財研究所名誉研究員

第18期　2017年度

	月	演　　題	講師	所　　属
1	4	「妻木晩田遺跡の発掘調査について～平成28年度報告＆平成29年度みどころ紹介」	高尾浩司氏	鳥取県むきばんだ史跡公園
2	5	「『出雲国風土記』の世界」	佐古和枝氏	むきばんだ応援団副団長、関西外国語大学教授
3	6	「青谷上寺地遺跡の農具～鉄器を中心に」	君嶋俊行氏	鳥取県教育委員会
4	7	「佐原眞氏と考古学」＆「弥生時代の木工と漆芸」	工楽善通氏	大阪府立狭山池博物館館長
5	8	「弥生時代の埋葬儀礼～西谷３号墓を中心に」	坂本豊治氏	出雲弥生の森博物館
6	9	「土器からわかること」	藤田憲司氏	元大阪府立近つ飛鳥博物館副館長
7	10	「東海洋の初期タタキ技法について」	深澤芳樹氏	天理大学客員教授
8	11	「世界の古代壁画の保存と活用」	沢田正昭氏	東北文化芸術大学文化財保存修理研究センター長
9	12	「人骨から探る日本の歴史」	橋本裕子氏	京都大学大学院医学研究科先天異常標本研究センター
10	1	「『出雲国風土記』を写した近世の人々～徳川家康から本居宣長、そして出雲人」	高橋　周氏	出雲弥生の森博物館
11	2	「サメを描いた銅剣の謎を解く」	内田律雄氏	海洋考古学研究会会長
12	3	「日本古代史の醍醐味」	狩野　久氏	奈良文化財研究所名誉研究員、むきばんだやよい塾塾長

第19期　2018年度

	月	演　　題	講師	所　　属
1	4	「ようこそ妻木晩田遺跡へ～松尾頭10区墳丘墓の調査成果など」	高尾浩司氏	鳥取県むきばんだ史跡公園
2	5	「四隅突出型墳丘墓の再検討」	藤田憲司氏	元大阪府立近つ飛鳥博物館副館長
3	6	「古墳に埋められた刀から古代「日韓」交流を追究する」	金　宇大氏	京都大学白眉センター助教
4	7	サハラ記念日特別座談会「古事記と妻木晩田とわたしと」	中山千夏氏	作家
5	8	「卑弥呼はどこに？～『魏志』倭人伝を読み直す」	佐古和枝氏	むきばんだ応援団副団長、関西外国語大学教授
6	9	「漢字と日本人」	狩野　久氏	むきばんだやよい塾塾長、元奈良文化財研究所名誉研究員
7	10	「日本人のルーツ―日本最古の人骨から現代（人骨）まで―」	橋本裕子氏	京都大学医学研究科先天異常標本解析センター博士研究員
8	11	「東大寺法華堂のこと」	深澤芳樹氏	天理大学客員教授
9	12	「弥生時代の交流～山陰を中心に」	河合章行氏	鳥取県教育文化財団調査室

10	1	「秀吉の時代の出雲・伯耆の城～城郭出土瓦から」	伊藤　創氏	江津市教育委員会
11	2	「『風土記』をめぐる近世出雲と東海地方の文化人～内山真龍・本居宣長を中心に」	高橋　周氏	出雲市弥生の森博物館学芸員
12	3	「年代の決め方」	深澤芳樹氏	天理大学客員教授

第20期　2019年度

	月	演　題	講師	所　属
1	4	「古代史　総まくり①　旧石器時代から弥生時代まで」	佐古和枝氏	むきばんだ応援団副団長、関西外国語大学教授
2	5	「縄文時代の山陰」	柳浦俊一氏	島根県埋蔵文化財センター
3	6	「渡来人と在来人～最近の人骨・DNAの研究成果より」	橋本裕子氏	京都大学医学研究科先天異常標本解析センター博士研究員
4	7	サハラ記念日特別講座「遺跡の魅力と可能性～むきばんだ遺跡に期待すること」	禰冝田佳男氏	元文化庁記念物課主任調査官
5	8	「むきばんだの弥生墳丘墓を探る～妻木晩田遺跡第34次発掘調査成果から」	森藤徳子氏	むきばんだ史跡事務所文化財主事
6	9	「百舌鳥・古市古墳群はなぜ重要か」	森本　徹氏	大阪府立近つ飛鳥博物館副館長
7	10	「古代史　総まくり②　激動の７世紀」	佐古和枝氏	むきばんだ応援団副団長、関西外国語大学教授
8	11	「古代天皇制について」	狩野　久氏	むきばんだやよい塾塾長、元奈良文化財研究所名誉研究員
9	12	「高松塚とキトラ古墳～壁画古墳はなぜ築かれたのか～」	廣瀬　覚氏	奈良文化財研究所
10	1	「天武天皇の時代～壬申の乱から藤原京の成立まで」	深澤芳樹氏	天理大学客員教授
11	2	「国の華咲く 古代の伯耆～奈良時代の寺院を中心に～」	根鈴輝雄氏	倉吉博物館館長
12	3	「古代史　総まくり③　弥生時代」	藤田憲司氏	元大阪府立近つ飛鳥博物館副館長

あとがき

一九九七年三月、洞ノ原地区の四隅突出型墳丘墓群が報道公開されたことが、妻木晩田遺跡の存在を広く世に知らしめる端緒でした。その日、私も初めて現地を訪れ、鳥肌がたちました。わが故郷で、すごい遺跡がみつかった!考古学をやっていてよかった、と思いました。いや、私がひょんなことから考古学の道に進んだのは、この遺跡を守るためだったのかという気さえしました。それで、地元住民の皆さんと保存運動を始めたのが一九九七年一〇月。その保存運動を全国展開すべく、一九九九年二月、新たな仲間達と「むきばんだ応援団」を結成しました。

保存など絶対無理だと言われていた妻木晩田遺跡ですが、応援団をたちあげた二ケ月後の四月九日、まさかの全面保存が発表されました。以来、むきばんだ応援団は、一人でも多くの方々に「遺跡が残って良かった」と喜んでもらえるように、妻木晩田遺跡の普及と活用に取り組む団体として生まれ変わりました。

その応援団の最初の事業として、同年九月に始めたのが、「むきばんだやよい塾」です。遺跡が公開される日にそなえて、妻木晩田遺跡や関連する考古学の勉強をしておこうということで、ボランティアガイド養成講座という看板を掲げて開講しました。初年度の塾生は約一〇〇名、保存運動の熱い余熱が、教室に充満しているようでした。翌年、遺跡が公開されるにあたり、塾生の有志によって「妻木晩田遺跡ボランティアガイドの会」が結成され、現在も活動を続けています。

やよい塾は、地元の考古学研究者だけでなく、関西、九州、四国、関東、韓国など、第一線で活躍しておられる各地の考古学・古代史の先生や研究者の方々に講師をお願いしています。今年の第二〇期までにご登壇いただいた講師は約一〇〇名、錚々たるお顔ぶれです。米子市という小さな地方都市で、これほど贅沢な講座が二〇年も継続できたのは、遠路も厭わず、講師をお引き受けくださった先生方のご厚情のおかげです。そしてまた、そうした先生達に「また来るよ」とつい言わせてしまう、熱心かつ温かい塾生さんのおかげと、深く感謝しております。

先生方のお話を、その場にいた塾生だけで聞いて終わるのはモッタイナイ。もっと多くの方々にもおすそ分けをしたい、ということで、「むきばんだ応援団」ならびに「むきばんだやよい塾」の二〇周年記念事業として、いくつかの講義録からブックレットを刊行することにしました。創刊号は、長らく初代塾長をお引き受けくださった金関恕先生と、保存運動で大変お世話になった佐原眞先生です。原稿から先生方のお声が聞こえてくるようです。改めて両先生の学識の広さと深さに接し、こうしたお話を聞かせて頂いた幸せをかみしめています。

なお、この出版費用の一部には、二〇一八年にサントリー地域文化賞で頂いた賞金を使わせていただいています。ありがとうございました。

二〇一九年六月

むきばんだ応援団副団長
むきばんだやよい塾実行委員長　佐古和枝

やよい塾講座１
考古学への誘い
―妻木晩田遺跡から学ぶ―
2019年６月30日　発行
著　者　佐原　眞・金関　恕
編　集　むきばんだ応援団
発　行　編集工房　遊
発　売　今　井　出　版
印　刷　今井印刷株式会社
製　本　日宝綜合製本株式会社